비움과 채움

비움과 채움

초판 1쇄 인쇄 2008년 2월 25일
초판 1쇄 발행 2008년 3월 1일

지은이 | 정영인
펴낸이 | 김태봉
펴낸곳 | 한솜미디어
등 록 | 제5-213호

편 집 | 황은진, 김주영, 김미란
기 획 | 정종해, 김경임
일러스트 | 조시형
마 케 팅 | 박상필, 김명준
홍 보 | 이준혁

주소 | (우143-200) 서울시 광진구 구의동 243-22
전화 | (02)454-0492
팩스 | (02)454-0493
이메일 hansom@hansom.co.kr
홈페이지 www.hansom.co.kr

값 8,000원
ISBN 978-89-5959-143-5 (03810)

*잘못 만들어진 책은 구입하신 서점에서 친절하게 바꿔드립니다.

비움과 채움

정영인 지음

한솜미디어

들어가는 말

우리네 삶은 채움과 비움의 연속이다.

바다는 밀물과 썰물로 어김없이 하루에 두 번씩 채우고 비운다. 고기압의 가득 찬 기운이 성긴 저기압으로 흘러야 바람이 일고, 비워진 곳이 있어야 물은 흐른다.

이렇듯 하늘과 땅과 사람 사이에는 비움이 있으면 채움이 있고, 채움이 있으면 반드시 비움이 있게 마련이다.

흔히 수필을 이목구심서(耳目口心書)라고 한다. 귀와 눈과 입으로 겪은 우리네 일들을 마음으로 나타내는 것이 아닌가 한다. 그래서 귀와 눈과 입으로 채워진 일들을 마음의 글로 비워본다.

우리의 삶에서 채우고 비우려면 틈이 있어야 한다. 틈은 시간성과 공간성을 내포하고, 거기다가 기회성과 관계성을 아우르기도 한다.

틈이 나는 대로 써 놓았던 이 생각 저 생각들을 정리하여 보았다.

그간 채우고 비웠던 생각의 조각들을 이리저리 펼쳐 놓아본다. 마치 삶의 자투리들로 알록달록한 조각보를 꾸미듯이 말이다.

디지털식 생각은 0과 1로만 처리하기 때문에 틈이 별로 없겠지만, 아날로그식 사고는 0과 1 사이에 비우고 채울 수 있는 무수한 틈새가 있다. 여백문화의 알짜배기인 덤과 에누리도 우리 생활에 틈이 있어야 존재할 수 있듯, 나는 디지털이라는 새로운 밭에 선뜻 들어가지 못하고 아날로그 텃밭에서 서성이는 주변인과 같은 존재이다.

채워진 항아리보다 비워진 항아리가 더 존재 가치가 있다. 그러나 현재는 존재 가치보다 소유 가치의 의미가 더해가는 시절이기에 채우기 급급한 우리가 마음을 비우기란 그리 쉬운 일이 아닐 것이다.

겨울의 벌거숭이 나무들을 본다.

봄 · 여름은 채움의 계절이었건만 가을 · 겨울은 어김없이 비움의 계절로 갈마든다. 여름의 빈자리를 가을로 채우듯 한 장의 나뭇잎도 제대로 비우지 못하면 단풍으로 채우지 못한다. 낙엽귀근(落葉歸根), 한 장의 낙엽도 채움과 비움의 자연 순환이다.

시골에서 8년, 섬마을에서 3년, 그리고 도회지에서 31년! 42년간이라는 긴 교직생활을 마무리한다. 그 생활 속에서 채워지고 비워진 한

장 한 장의 낙엽들을 모아 한 권의 책으로 태어나게 너나들이 해준 모든 분들께 감사드린다.

이 책을 살을 에는 언덕배기에서 눈바래기 하시던 돌아가신 아버지께 바친다.

비워진 겨울의 끝자락에서

정영인

|차례|

Chapter 1

2층 교무실에서 보이는 바다 풍경

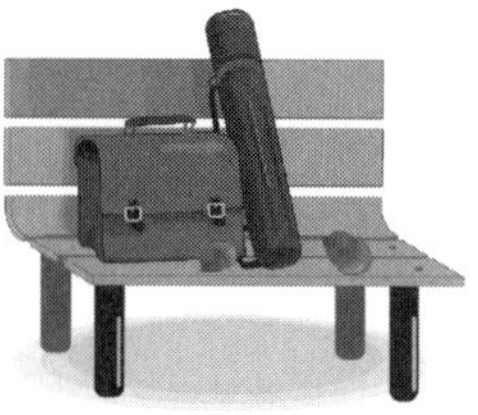

Chapter 2

5대 3대 2

Chapter 3

눈바래기

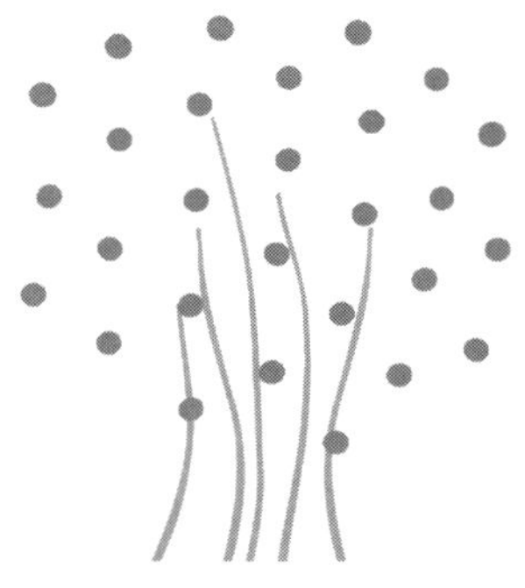

Chapter 4

비움과 채움

Chapter 1

2층 교무실에서 보이는 바다 풍경

2층 교무실에서 보이는 바다 풍경

2층 교무실에서 물끄러미 바다를 바라본다. 이곳은 자그만 섬마을 분교(分教)이다. 운동장 바로 앞에는 초승달처럼 생긴 손바닥만한 모래사장이 펼쳐져 있다. 멀리 올망졸망한 작은 섬들이 태고의 전설을 파도와 속삭이면서 언제나 그 자리에 앉아 있다.

바다는 하루에 두 번씩 어김없이 밀물과 썰물이 맞바꿈을 한다. 들어온 만큼 나가고 나간 만큼 채운다. 바다는 더 가지려 안달복달하거나 아등바등하지 않는다. 언제나 비웠다 채웠다, 채웠다 비웠다를 거듭한다.

바다는 하루에도 수십 번씩 그 얼굴을 바꾼다. 지금은 작은 물비늘이 물너울을 따라 반짝인다. 아침이면 은빛 물비늘이 파닥이고, 어슬막[1])이면 금빛 물비늘이 자맥질하기도 한다. 또 바다는 화가 나면 게거품처럼 꽃바다[2])를 이루기도 한다.

---

1) 어슬막 : 어슬어슬 해가 질 무렵.
2) 꽃바다 : 파도 머리 꼭대기에 흰 거품이 생긴 모양을 비유한 말. 바닷바람이 거세게 불 때 많이 생긴다.

처음 이곳에 와서 파도 머리 꼭대기 위에 흰 거품이 인 것을 보고 하얀 갈매기들이 떼 지어 넘실거리는 줄 알았다. 그런 파도를 어떤 이는 '꽃바다'라고 아름답게 표현하였다. 하얀 파도가 늠실늠실 어슷어슷하게 헤엄쳐오는 것을 보면 마치 흰 제복을 입은 여학생들이 매스게임(mass game)을 하는 것 같다. 짙푸른 바다 위로 길게 드리워진 하얀 목련 같은 꽃송이들, 물마루[3] 위로 넘실거리는 광경은 한 폭의 수채화처럼 느껴졌다.

바다는 이상한 것이 있다. 마치 하늘과 형제와도 같다. 하늘이 맑으면 덩달아 바다도 맑다. 하늘이 흐리면 바다도 흐리다. 하늘이 화를 내면 바다도 같이 화를 낸다. 하늘이 형이라면 바다는 동생과도 같다.

금년에 태풍 프라피룬이 지나갈 때는 광풍(狂風)의 노도(怒濤)였다. 그 앞에선 인간은 하찮은 존재일 수밖에 없었다. 천지불인(天地不忍)이라 하더니, 모래와 바닷물을 잔뜩 껴안은 태풍이 몰아칠 때는 인정사정없는 작달비[4]였고 채찍비[5]였다.

그 바람에 바닷가와 마주 붙은 울타리의 아카시아나무들이 나뭇잎 옷을 강제로 벗었다. 태풍은 한창 가을 단풍 채비를 하던 아카시아나무들을 하룻밤 사이에 벌거숭이 나목(裸木)으로 만든 것이다. 잎사귀는 물론 가장귀까지 사정없이 훑어내고 떨어뜨렸다. 심지어는 아카시아나무 우듬지[6]에다 둥지를 튼 까치 신혼부부의 보금자리까지 사정없이 땅에 나동그라지게 하였다. 자연은 정말로 참지를 못하는 존재인가 보다.

---

3) 물마루 : 바다와 하늘이 맞닿은 것처럼 멀리 보이는 수평선의 두두룩한 부분.
4) 작달비 : 굵직하고 거세게 퍼붓는 비.
5) 채찍비 : 세찬 바람과 함께 내리는 비.
6) 우듬지 : 나무의 꼭대기 줄기.

운동장을 꽉 채운 처참한 잔해(殘骸)들은 과연 태풍의 위력이 흰소리[7]가 아님을 여지없이 보여주었다. 어찌 보면 인간의 오만(傲慢)에 대한 대자연의 경고 같기도 하다. 쉰 살이나 훨씬 더 먹은 아카시아나무 네댓 그루가 뿌리째 뽑혀 땅에 드러눕고, 굵직한 나무줄기들이 통째로 갈기갈기 찢긴 모습은 처참한 싸움터를 방불케 했다.

그런데 더 신기한 자연의 섭리는 발가숭이 아카시아나무에서 새로운 잎이 나기 시작한다는 것이다. 태풍이 사정없이 아카시아 잎들을 훑고 간 잎겨드랑이에서 새로운 어린잎들이 삐죽이 고개를 내밀기 시작한다. 아마 단풍이 들지 못하고 져버린 한을 푸는 것 같기도 하다. 이렇듯 자연은 건너뛰는 법이 없다. 기어코 단풍이 들고 말겠다는 심산인가 보다.

사람들은 웬만하면 건너뛰려고 한다. 더구나 요즈음 젊은 부모들은 아이들에게 건너뛰는 조기 교육이라는 성장촉진제를 먹이려고 안달복달이다. 하찮은 나무들도 제대로의 한살이를 살려고 다시 잎들을 내밀기 시작하는데 말이다.

더더욱 신기한 것은 이번 태풍에 낙엽수들은 이리저리 피해를 봤지만, 겨울을 견디어내는 늘 푸른 나무들은 끄떡없다는 것이다. 낙엽 지는 나무들은 대개가 태풍 앞에서 혼쭐났건만, 상록수들은 피해가 전혀 없다시피 했다.

갑자기 이런 생각이 들었다. 아이들 교육도 춘하추동(春夏秋冬)을 다 겪게 만들어야 살아가면서 어려운 태풍을 만났을 때 꿋꿋하게 늘 푸른 나무처럼 이겨낼 수 있을 것이라는 생각을 말이다.

---

7) 흰소리 : 실속 없이 자랑으로 떠벌리는 말.

지금 2층 교무실에서 보는 바다는 언제 그랬냐는 식으로 시치미를 뚝 떼고서 평화롭기 그지없다. 새 잎들이 가뭇가뭇 나기 시작한 아카시아나무 그 사이로 파도들이 반짝이며 밀어를 속삭이고, 그 가운데로 낚싯배 한 척이 통통거리며 한가로이 바다를 헤집는다.

해거름이 되면 이 수채화는 진홍빛 물너울로 채색되고, 어스름한 섬들은 어둠을 껴안는다. 섬은 무인 등대에게 호롱불을 넘겨주고 잠을 잘 것이다. 그리고 서녘 하늘의 노을은 바다 속으로 차츰차츰 가라앉기 시작 할 것이다.

바다는 그 마음을 도무지 알 수가 없다. 억만년 영겁(永劫)의 세월들을 보듬고 지내왔으면서도 도대체 그 속내를 드러내지 않는다. 심연(深淵)은 웅숭깊고[8] 안다미로[9]의 신비 그 자체이다. 마치 의뭉스럽기까지 하다. 그러다가 갑자기 게염쟁이[10]처럼 심통이 나면 어느 누구도 달랠 수 없고 만물의 영장이라는 인간들을 꼼짝 못하게 만든다. 그러면서 거대한 전설의 세월들을 쌓아가고 있나 보다.

가을 하늘이 짙어지면 바다 색깔도 짙어진다. 쪽빛 바다라는 의미를 실감하게 한다. 바다는 뭐니 뭐니 해도 겨울 바다가 으뜸인 것 같다. 시리도록 푸르고 차게 너울거린다. 얼어붙은 파도소리조차 해맑은 소리이다. 자연의 소리 중에서 가장 듣기 좋은 소리 세 가지는 파도소리, 솔바람소리, 빗소리라고 한다.

---

8) 웅숭깊다 : 도량이 크고 넓다.
9) 안다미로 : 담은 분량이 그릇에 넘치도록 많이, 넘치게.
10) 게염쟁이 : 시샘하여 탐내는 욕심을 잘 부리는 아이.

시간색(時間色)으로 바뀌는 바다를 2층 교무실에서 볼 수 있는 시간도 내년 2월로 마감한다. 겨울 바다가 꽃바다를 이루고, 비릿한 갯내음을 찬바람에 실어 보낼 때, 나는 이곳을 떠나야 한다.

3년 동안이나 2층 교무실에서 바라본 바다를 나는 잊지 못할 것이다. 출렁이는 바다 시간 속에서 내 인생의 해조음(海潮音)이 들리는 추억으로 갈무리될 것이다. 또 내 시간 모래밭에 물때썰때[11]가 되어 하루에 두 번씩 철썩일 것이고 출렁일 것이다.

물이 빠져나간 개펄에는 괭이갈매기 서너 마리가 서로 물끄럼말끄럼[12] 한가로이 먹이를 뒤지고 있다.

---

11) 물때썰때 : 밀물 때와 썰물 때, 사물의 형편이나 내용.
12) 물끄럼말끄럼 : 서로 말없이 물끄러미 보다가 말끄러미 보다가 하는 모양.

교육의 입력과 출력

나의 초등학교 교사 첫 부임지는 용인이었다. 살아서는 진천이요, 죽어서는 용인이라고 할 정도로 산 좋고 물 맑은 곳이었다.

그 때 내 나이 만 스무 살, 참다운 교육이 뭔지도 모르면서 팔팔 뛰던 시절이었다. 그곳에서 8년 동안 아이들을 가르친 것이 6학년만 6번 담임을 맡았다.

지금 생각하면 내가 가르치는 아이들에게 야단도 많이 쳤고 때리기도 많이 하였다. 지금 그랬으면 아마 파출소에 신고가 줄달았을 것이다.

그런데 그렇게 호랑이 선생을 하면서도 무슨 바람이 불었는지 아이들을 데리고 천렵(川獵)을 많이 다녔다. 천렵이란 글자 그대로 솥단지, 냄비, 고추장, 된장, 먹을거리 등을 꾸려서 냇가에 가서 고기를 잡아 천렵국을 끓이고 밥을 해먹는 것이다. 요즈음으로 말하면 자연 생태계 체험학습 현장이라고나 할까.

가고 싶은 아이만 가는 것이 아니라 반 전체가 가는 것이다. 1년이면 서너 번은 다녔다. 냇가로, 산으로, 저수지로…. 밥이 설고, 미꾸라지가 둥둥 뜨고, 고구마를 삶고, 그리고 노래하고 놀이하고…. 어떤 때는 우리 반 가을 소풍을 천렵 가는 것으로 정했을 정도이다.

오죽했으면 그 학교를 떠나는 송별회를 졸업생들이 모여 천렵을 했을까.

지금도 간혹 그 학교에서 내가 졸업시킨 녀석들을 만나면 매 맞은 이야기보다 천렵하던 추억 이야기가 술술 흘러나온다.

30여 년 만에 그 제자들과 다시 만나서 그 냇가에서 다시 천렵을 했다. 녀석들은 불혹(不惑)의 문턱을 넘어서고 나는 지천명(知天命)을 훨씬 넘어섰다. 그러나 그때 그 시절의 아름다운 냇가와 맑은 냇물이 아니었다. 그때 많이 잡히던 불거지, 구굴이, 모래무지 등은 눈을 씻고 찾아보아도 볼 수 없었다.

커다란 양은솥에다 미꾸라지 두어 종재기 넣고 끓인 천렵국이 일품이었다. 그때 그 맛이다. 밥도 고슬고슬 잘되었다. 6학년 때 천렵 나들이로 키운 솜씨인가 보다.

막걸리 두어 순배 거나하게 걸치니 제자들이 나를 기마전 태워주겠단다. 그래서 기마를 타고 냇가 둔덕을 올라가다가 그만 미끄러져 내 바짓가랑이가 찢어졌다.

"야, 누구 바늘과 실 없냐?"

남자 녀석들이 소리를 치자, 여자 제자 한 녀석이 핸드백을 부스럭거리더니 바늘과 실을 가져온다. 다른 제자들은 별일이라는 듯이 그 녀석을 쳐다본다. 요즈음 바늘과 실을 가지고 다니는 구닥다리 사고를 가진 친구도 있나 하는 생각들을 하면서 말이다.

"선생님, 저희들을 가르치실 때, '바늘과 실을 가지고 다니는 여자가 돼라'고 당부하셨잖아요. 저는 그때부터 꼭 갖고 다녀요. 선생님 말씀을 잘 듣는 제자죠?" 하면서 내 뜯어진 바지를 꿰맨다.

'아, 이게 가르침의 효과로구나!'

입력(入力)은 알 수 있으나 출력(出力)은 알 수 없는 것이 교육이라고 생각한다. 그러나 지금의 교육정책은 자판기처럼 500원을 넣으면 금방 500원 이상이 출력되기를 기대한다. 부모들의 가정교육도 같은 방향으로 흐르고 있다. 인성실천교육 연구를 추진하여 1년 사이에 기대되는 인성으로 변했다는 연구 결과를 주저 없이 내놓는다.

이렇게 우리 교육은 자판기처럼 입력하면 금세 출력되는, 몇 배의 결과를 출력하여 눈에 보이는 증거를 원하고 있다. 이러니 교육은 백년지대계(百年之大計)라는 말이 선사시대 말처럼 들린다.

특히 인성 교육은 머리로 하는 것이 아니라 마음으로 통하는 교육이다. 인도인의 만트라(呪文)에 보면 "사람의 머리에서 가슴까지는 30㎝가 채 안 되는 거리지만 머리에서 가슴까지 가는 데는 30년도 더 걸리는 수가 있다"라는 말이 있다.

2~3년 전부터 교육부가 의욕 있게 추진했던 인센티브식 교육평가에 대비하여 학교에서는 몇 날 며칠 밤을 새워서 산더미 같은 교육실천 결과 서류나 파일을 준비해야 했다. 대부분 머리로 만들어진 것들이니 문서상의 실적이 허다하다. 그 바람에 교사도 멍들고, 아이들도 멍들고, 교육도 멍들었다. 그리고 그 평가 결과에 따라 당근은 차등으로 지급되었다.

지금은 능력의 사회라고 한다. 그 능력도 결국 경제적으로 환산된 능력이 되고 있다. 능력이 있는 자는 날아다니고, 능력이 없는 자는 기어 다닌다. 어찌 보면 기어 다니지도 못하게 하는 사회로 변해가고 있다. 그러나 빠른 자도 살고, 느린 자도 살아야 한다. 또한 교육은 빠른 자도 살고, 느린 자도 같이 살 수 있게 가르쳐야 한다.

우리 사회는 능력이 있는 자 위주로 변해가고 있다. 능력이 없는 자, 느린 자는 그들의 들러리 노릇만 해야 되는지….

흔히 말하는 정의사회 구현, 복지사회 실현, 더불어 살아가는 사회 건설이라고 하면서 신지식인 위주, 초고속 성장, 신화창조에 주력하고 있다.

밭에서는 잡초이지만 자연생태계로 보면 엄연한 생태계 구성원이라는 것을 간과하기 쉽다. 마치 한글창제가 세종대왕 혼자서 한 것처럼 생각을 하지만, 그 뒤에는 한글창제를 위해서 숱한 노력을 한 학자들이 있다는 것을 잊는 것이나 마찬가지이다.

나는 내가 입력한 교육에 대한 출력을 30년 후에나 바늘과 실을 통해서 확인하게 되었다. 그때 여자 제자들이 10여 명 정도 되었건만 "항상 바늘과 실을 가지고 다니는 여자가 돼라"라는 것을 가슴에 새기고 실천한 녀석은 단 한 명뿐이었다. 나는 단 한 명만 있는 것도 참으로 행복했다.

나는 아이들을 머리로 가르치는 선생보다는 아이들의 가슴에 남는 선생이 되고 싶다.

인도인의 만트라(呪文)처럼….

개우럭 철환이

3학년인 우리 반에는 철환이라는 녀석이 있다. 키는 자그맣고 얼굴은 가무잡잡하며 눈은 다이아몬드처럼 유난히 반짝이는 그런 아이이다. 다른 공부는 그저 그런데 체육은 순발력이 좋고 민첩하여 뛰어난 편이나 지구력이 적은 것이 흠이다.

구구단도 3학년이 되어서야 간신히 외웠다. 글씨는 기러기 날아가는 것처럼 괴발개발인데 쓰는 속도는 요즈음 초고속 통신보다 더 빠른 것 같다. 설명을 하면 그 당시는 잘 알아듣는 것 같은데 조금 지나면 가마우지를 삶아 먹은 것처럼 망각하기를 잘한다.

그런데 눈치코치는 어찌나 빠른지 모른다. '척' 하면 '착' 할 정도로 3학년 아이답지 않게 그런 면에서는 유난히 발달했다.

하루는 국어 시간에 '역시'라는 낱말을 넣어서 짧은글을 지어 보라고 하였더니 글쎄 철환이가 남보다 먼저 손을 자신 있게 드는 것이었다. 해가 서쪽에서 뜰 일도 있다고 생각하며 기특한 생각에 철환이에게 발표할 기회를 먼저 주었다.

"역시, 인천광 역시!"

아이들은 그 진의를 잘 파악하지 못해서 무미 덤덤하게 쑤군덕거렸지만 나는 웃음보가 터져 나왔다. 그리고선 철환이를 한껏 칭찬했다.

"참, 잘 지었다. '인천광 역시…' 맞기는 맞았다."

철환이는 이렇게 재치가 뛰어난 아이다.

하루는 현관에 막 들어서는데 내 실내화를 신발장에서 꺼내 가지고 얼른 내가 신기 좋게 갖다 놓았다. 눈을 반짝이면서 재빠르게 말이다. 나는 속으로 좀 씁쓸한 생각이 들어 마음이 안 좋았다. 순진하게 자라나야 할 아이가 벌써부터 사회생활 하면서 눈치부터 배우는 것이 아닌가 해서 말이다.

녀석은 가정이 평화롭지 못한 가운데 할머니 밑에서 자랐다. 아버지는 늘 술에 절어 있고 엄마와는 별거 중이다. 하나 있는 형은 깐깐해서 철환이를 꼼짝 못하게 만들어 놓는다. 그런 틈바구니에서 자라서 그런가….

철환이가 특출하게 잘하는 것이 있다. 남의 추종을 불허할 정도로 잘하는 것이 바다낚시질이다. 보통 잘하는 것이 아니라 어른들도 혀를 내두를 정도로 기막히게 잘한다고 한다. 나는 낚시에 대해서 손방[13]이지만 철환이는 초감각적으로 잘한다고 한다.

이곳 섬마을에는 바다낚시 철이 돌아오면 낚시꾼들이 많이 몰려온다. 바다낚시는 하는 장소에 따라 갯바위낚시와 배를 타고서 바다 위에서 하는 배낚시로 나뉜다. 이곳 바다에서는 특히 우럭낚시가 잘된다.

철환이는 낚시 손님들이 오면 그들의 잔심부름을 눈치코치껏 잘한다. 자기가 갖고 있는 경험의 기술을 살려서 그들의 구미에 맞게 잘해

13) 손방 : 아주 할 줄 모르는 솜씨.

준다. 꿈틀꿈틀하는 갯지렁이를 턱 잘라서 낚시 바늘에 끼워 주고, 낚시 바늘이 없어지면 솜씨 좋게 잽싸게 달아준다. 담배 심부름도 잘하고, 생선회를 잘 떠서 손님에게 인기가 많았다.

그러면 낚시 손님이 봉사료와 수고비조로 얼마간의 용돈을 쥐어준다. 그 재미가 예상외로 쏠쏠 한가 보다. 경기 좋고 단골손님을 만나면 하루에 3~4만원 손에 쥐는 것은 보통이었다. 그런데 그런 귀한 소득을 알겨가는 불로소득자가 있으니 바로 그의 형이다. 그의 형은 모사꾼에 속한다. 갖은 수단과 방법을 다해서 철환이가 애써 모은 돈의 일부를 축내고, 나머지는 할머니가 관리한다. 철환이 말로는 자기가 관리하는 단골 낚시 손님이 여러 팀이나 된다고 했다.

철환이네 작은집에는 낚싯배가 있어 낚시질을 잘 나가는데 그 집에서 철환이가 제일 낚시질을 잘한다고 한다. 우럭 대어급인 개우럭과 광어들을 잘 낚는가 보다. 그래서 작은아버지와 계약을 했단다. 그 수입을 반분하기로…. 4만원에 우럭을 팔면 철환이 몫으로 2만원의 귀한 소득이 되는 것이다.

철환이가 잡는 우럭, 광어는 요즈음 흔히 말하는 양식이 아닌 자연산이다. 그래서 나는 철환이 별명을 '개우럭'이라고 지어 주었다. 개우럭이란 무게가 2kg 이상 나가는 큰 우럭을 말한다. 여기서는 가장 큰 우럭을 개우럭, 중간 크기를 8대 우럭, 작은 우럭을 간팽이라고 한다.

이렇듯 철환이가 어른들 비위를 맞추는 산업에 종사하다 보니 눈치가 무척 빨라지는 것 같다. 담임인 나는 그것이 별로 좋게 보이지 않았다.

가끔 가다가 "어제는 광어를 잡아 회를 쳐서 먹었더니 입안에서 살살 녹았어요"라고 자랑스럽게 나를 놀리듯이 말한다. 그러면서 시키지도 않은 공약(空約)을 한다. 선생님한테 우럭도 갖다 드리고, 더덕도 갖다 드리고, 또 무엇도 갖다 드린다고….

그런 공약(公約)을 한 것이 10여 건이 넘지만, 그 약속을 지킨 것은 단 한 번밖에 없다. 손바닥보다 작은 우럭 몇 마리를 가져온 것밖에…. 그러니 맛이 살살 녹는다는 우럭이나 광어를 한 점도 철환이한테 못 얻어먹었다.

지금은 4학년에 올라갔는데, 가끔 만나면 약속은 언제 지킬 것이냐고 다그치면 씨익 웃거나 머리를 긁는 것으로 대신한다. 요즈음 정치인처럼 공약(空約)이 되려는가 보다.

오늘은 화단 주위를 쓸면서 나는 쓰레기를 쓸어 담고, 철환이가 리어카를 끌고 다녔다. 어찌나 눈썰미가 빠른지 내가 쓰레기를 모아 놓은 장소 옆에다 정확하게 리어카를 대 놓았다. 승객이 타고 내리는 지점에다 정확히 갖다 대는 전철의 기관사처럼 말이다.

하지만 철환이는 가르쳐준 것을 잘 까먹고 끈기가 적어서 야단을 치면 금세 눈물을 주르르 흘린다. 그리고선 두 눈이 집토끼처럼 빨개진다. 안쓰러워서 다독거려주면 언제 그랬냐는 식으로 싹싹해진다.

철환이는 어부가 되는 것이 꿈이란다. 그 소리를 들은 나는 다음과 같이 윽박지른다.

"이 녀석아, 어부가 되더라도 고기 무게를 달아서 팔려면 셈할 줄은 알아야 할 게 아니냐? 그렇게 산수를 못해서 무엇에 써먹겠니?"

사실, 못하는 계산은 계산기가 대신해 줄 것이다. 또 자기 나름대로 계산법을 터득할 것이다. 자꾸 지청구[14]를 주어서 주눅이 드는 것 같다.

이제 형은 인천 중학교로 나갔다. 철환이는 금년에도 낚시질이 잘

14) 지청구 : 꾸지람.

되어서 한 푼, 두 푼 모아서 낚싯배를 꾸며 바다를 사랑하는 어부의 꿈이 이루어졌으면 좋겠다.

요즈음 교육 풍조가 뭐든지 한 가지만 잘하면 된다는 식이다. 그러나 사람과 사람 사이의 기본은 서야 할 것이다. 한 가지만 잘하더라도 인간의 기본은 꼭 갖춰야 한다.

철환이가 자기가 가진 그늘을 잘 이겨내고서 어부가 되는 꿈을 도담도담[15] 키워 갔으면 한다.

나는 가끔 철환이를 만나면 나한테 일방적으로 약속하고서 지키지 않은 9가지를 지키라고 일부러 채근을 할 것이다.

15) 도담도담 : 어린아이가 탈 없이 잘 놀며 자라는 모양.

스승의 날입니다

오늘은 말도 많고 탈도 많은 '스승의 날'이다. 도시 일부 학교에서는 구더기 무서워 장 못 담그듯 하루를 임시 휴교한다고 했다. 꼭 이맘때면 어김없이 요즈음 인기가 있는 난타(亂打) 공연하듯 도마 위에 올려놓고 자근자근 칼질을 한다. 심하면 모탕[16] 위에다 나무를 올려놓고 장작 패듯 뜸베질[17] 하는 경우도 있다.

오월은 계절의 여왕이라서 그런지 무슨 날들이 조르르 붙어 있다. 노동자의 날, 어린이날, 어버이날, 스승의 날…. 거기다가 아직도 역사의 평가 속에 있는 5・16 군사혁명도….

이즈음은 '선생은 있으나 스승은 없고, 학생은 있으나 제자는 없다'라고 말한다. 군사부일체(君師父一體)라는 말은 선사시대의 유물과 같은 말이 된 지 오래이다. 영국학교의 교장처럼 국왕 앞에서도 모자를 벗지 않는 권위의 전통은 본받지는 않는다고 해도…. 경제적 논리에 의해 나이 많은 교사를 물러나게 하면 2~3명의 젊은 교사를 쓸 수 있다

16) 모탕 : 나무를 쪼개거나 팰 때, 밑에 받쳐 놓는 나무토막.
17) 뜸베질 : 소가 뿔로 물건을 몹시 받아 대는 일.

는 쥐알봉수[18] 같은 생각으로 수많은 교사들을 교단에서 물러나게 하기도 하고, 교사는 학원 강사만도 못하다고 에멜무지로[19] 말한 교육의 수장(首長)도 있으니 말이다. 그러니 쥐꼬리만한 자존심으로 사는 교사들의 권위는 가뭇없다.[20]

물론 물러나야 할 교사들도 있다. 기본적으로 교사는 자기가 가르치고 있는 아이들이 사랑스럽지 않고 보기 싫으면 과감히 교직에서 물러서는 물때썰때를 알아야 한다고 생각한다.

섬 마을에서, 산골 두메에서 묵묵히 남포[21] 밝히며 아이들을 가르치는 선생들까지도 싸잡아 도매금으로 난타공연 하는 것을 보면 마음이 어둡다. 그런 것을 생각하면 아예 스승의 날을 없애든지 교사의 날로 하여 교사를 쉬게 하든지…. 하여간에 가리사니[22]가 서지를 않는다.

오늘도 학교에는 대개 중학교에 갓 들어간 학생들이 은사(恩師)를 찾아뵈려고 삼삼오오(三三五五) 짝지어 오는 것이 아름답게 보였다. 손에는 빨간 장미 한 송이 삐죽이 들고 그런 풍경도 시나브로[23] 사라지긴 하겠지만 말이다.

그 아이들을 보니 지나간 스승의 날들이 주마등(走馬燈)에 불이 켜진다.

첫 부임지에서의 첫 스승의 날, 그리고 첫 6학년 담임. 자그만 시골 학교라 6학년은 한 반뿐이었다. 선생님은 전부 열두 분. 우리 반 남자

---

18) 쥐알봉수 : 약은 꾀가 많고 잔졸한 사람을 뜻하는 말.
19) 에멜무지로 : 말이나 짓을 헛일겸 시험 삼아.
20) 가뭇없다 : 눈에 띄지 않게 간 곳을 알 수 없다.
21) 남포 : 남포등, 석유 불을 켜는 등잔. 양등(洋燈).
22) 가리사니 : 사물을 판단할 만한 지각.
23) 시나브로 : 모르는 사이에 조금씩 조금씩.

녀석들은 냇가에 가서 미꾸리, 붕어, 피라지를 잡아다 천렵(川獵)국을 끓이고, 여자들은 달걀을 삶아 잔치를 벌여 주었다. 선물은 남자 선생에게는 지금으로 치면 목욕탕 수건 같은 세수수건 한 장, 여자 선생들에게는 가제수건 같은 손수건 한 장!

한 20여 년 전, 1학년을 난생 처음 담임한 다음 해, 스승의 날. 우리 반이었던 여자 녀석이 스승의 날 선물이라고 커다란 봉투를 내 손에 쥐어주고 도망갔다. 굉장한 것인 줄 알았다. 꺼내보니 과연 굉장했다. 4절 큰 도화지에다 수염이 거뭇거뭇한 내 모습을 그리고, 그 그림의 왼쪽 가슴에는 "선생님, 고맙습니다"라는 커다란 그림 깃이 달려있었다. 아마 고사리 같은 2학년 손으로 4절 도화지에 꽉 차도록 그리려면 밤을 새웠을 것이다.

한 번은 시골에서 졸업시킨 남자 녀석이 스승의 날에 물어물어 인천으로 찾아왔다. 사이다 두 병과 담배 한 갑을 스승의 날 선물이라고 내 손에 쥐어 주었다. 그런데 그 녀석은 지금으로 말하면 특수학급 학생이었다.

요 근자에 섬마을 분교(分敎) 1학년 천방지축 문희의 이야기이다. 스승의 날 전날, 문희는 해말간 웃음을 지으며 누룽지 사탕 두 개를 스승의 날 선물이라면서 내 손에 쥐어 주었다. 정작 스승의 날에는 다 짜써서 튜브가 달라붙은 상처 치료용 연고도 선물이라면서 내 주머니에 넣어 주었다.

그 다음날, 깍두기공책을 찢어서 삐뚤빼뚤한 글씨로 "선생님, 사랑해요"라고 쓴 봉투도 없는 일곱 글자 알 편지를 배시시 웃으면서 주었다. 연거푸 세 번이나 선물을 받았다.

올해도 스승의 날이라고 잡다한 선물을 받았다. 양말, 손수건, 볼펜, 허리띠…. 그 중에서 편지가 달린 조막만한 선인장을 받았다.

"선생님도 이 조그만 선인장을 키워 보세요. '선인장아, 나는 너를 사랑한단다. 생명이 있는 모든 것을 사랑한단다' 하면서 키워 보세요. 물은 일주일에 한 번만 주세요. 선생님, 고맙습니다."

우리 반은 '1인 1 들풀 키우기'를 하고 있다. 조그만 우리 들풀들인 민들레, 할미꽃, 어떤 아이는 망초대, 바랭이풀[24] 등을…. 그러면서 우리 반 아이들보고는 날마다 자기가 키우는 들풀을 찾아가서는 이렇게 이야기를 하라고 당부했다.

"바랭이풀아, 나는 너를 사랑한단다. 생명이 있는 모든 것을 사랑한단다."

하여간에 매일 야단치고 혹 가다 벌주고 소리 지르면서 하루가 지나간다. 그렇지만 우리 반 남자 녀석들은 끌밋하고[25] 걱실걱실하게[26], 여자아이들은 참따랗고[27] 매초롬하게[28], 우리 반 모두가 오순도순 늘 벗 되어 도담도담 잘 자랐으면 좋겠다.

스승의 날에 선물 받은 답례(答禮)를 하려고 한다. 날 잡아서 이란 영화 '천국의 아이들'이라는 비디오를 빌려다 같이 보기로 했다.

---

24) 바랭이풀 : 줄기는 땅에 기어 뻗으며 밭이나 길가에 나는 가장 흔한 잡초. 마소의 먹이.
25) 끌밋하고 : 훤칠하게 생긴 것.
26) 걱실걱실하게 : 성질이 너그러워 쾌활하게 행동하다.
27) 참따랗게 : 딴 생각을 안 가지고 아주 참되게.
28) 매초롬하게 : 한창 때에 건강하여 토실토실하고 윤이 돌아 아름다운 태.

이건 우리들 사이의 일입니다

이즈음 영화나 텔레비전에서 조직폭력배, 일명 조폭에 관한 이야기가 대유행이다. 건장하고 다부진 체구에 머리는 스포츠형으로 깎았고 검은 양복을 입었다. 두목이 나타나면 90도로 허리를 꺾어 인사하고 일사불란하게 움직인다. 그들의 의리와 입 무거움이 지금처럼 조변석개(朝變夕改)하는 가벼운 세상에 선망의 대상이 되기도 한다. 특히 '야인시대'라는 김두한 일대기 미화는 시청자로 하여금 대리만족이라는 비정상인 열광이 된 적도 있다.

이렇게 다부지고 의리에 살며 주먹질 잘하고 입이 무거운 조폭의 대원들을 보면 가끔 떠오르는 녀석이 있다. 그 아이는 내가 교사생활 첫 부임지에서 졸업시킨 '혁중'이라는 사내 녀석이다. 40년 전을 거슬러 올라가는 세월의 이야기이다. 남폿불 켜던 시골학교 이야기이니깐 꽤 오래된 이야기이다.

그 해, 졸업반인 6학년을 담임했다. 6학년이라야 우리 반 한 반뿐이었다. 20대 초반의 혈기왕성한 총각선생인 나는 털도 마르지 않은 햇병아리 교사였지만 열정을 다하여 아이들을 가르쳤다. 그게 제대로 가르치는 것인지조차 모르면서…. 맘에 안 들면 아이들을 무척 때리기도 했다. 그때, 우리 반 50여 명 중 한 명이 혁중이다.

혁중이는 키가 작달막하고 여간 다부지게 생긴 것이 아니었다. 눈매는 매섭고 성깔 있게 생겼다. 그런 혁중이의 가장 큰 특징은 비록 키는 작으나 무쇠주먹을 가졌다는 것이다. 요즈음으로 말하면 통뼈이다. 아무리 덩치가 큰 아이도 혁중이의 주먹 한 방에 나가떨어졌다.

하루는 서로 으르렁거리며 세력 다툼을 벌이던 동네 간 패싸움이 벌어졌다. 물론 그 아이들은 담임의 눈에 띄지 않는 으슥한 곳에서 패싸움을 벌였다. 앞골과 꽃골 간의 주도권 다툼이었다. 혁중이는 앞골의 보이지 않는 보스였다. 쥐도 새도 모르게 붙은 싸움의 정보가 담임인 나에게 첩보 되었다. 첩보원은 주로 우리 반 여자아이들이다.

그 이튿날 보니 앞골과 꽃골 간의 패싸움은 치열했나 보다. 쌈꾼 혁중이는 왼쪽 눈두덩이가 시퍼렇게 멍이 들었고, 꽃골 대장 창규는 볼따구니가 시퍼레 둥둥하다.

방과 후, 혁중이를 남겨 동네 간 패싸움의 자초지종을 미주알고주알 캐물었다.

"혁중아, 어제 누구하고 싸웠니?"

"선생님, 안 싸웠습니다."

"야, 임마! 여자아이들이 너희들 동네끼리 패싸움했다고 일렀어. 그리고 너는 맞아서 눈탱이가 밤탱이가 되었는데 안 싸웠다고 우겨?"

"선생님, 그건 우리들 사이의 일입니다."

아무리 달래고 협박해도 혁중이는 모르쇠[29)]였다. 그때는 나도 물불을 가리지 않는 혈기왕성한 나이이고, 담임인 나를 무시한다는 생각

---

29) 모르쇠 : 아는 것이나 모르는 것이나 다 모른다고 잡아떼는 일.

때문에 약이 머리끝까지 치솟아 올랐다. 마치 풋고추에 독이 오르듯이 말이다. 그때는 나도 아이들을 때리면 무섭게 때렸다. 지금 그렇게 했다면 아마 학부모들의 항의가 장대비처럼 쏟아졌을 것이다.

화가 머리끝까지 오른 나는 혁중이의 엉덩이를 오지게 때렸지만 죽어도 그 녀석의 입을 열게 할 수 없었다. 내가 제풀에 지쳐 유야무야 사그라들고 말았다. 그렇게 혁중이는 입이 무거웠다. 혁중이는 이를 악물고 엉덩이를 맞을지언정 절대 입을 열지 않았다. 나는 오기가 올라 더 때렸지만 미제 자물통 같은 그 녀석의 입을 열게 하는 열쇠가 되지 못했다. 혁중이는 비라리치는[30] 녀석이 절대 아니었다.

지금도 뇌리에 생생하게 남은 말이,

"선생님, 그건 우리들 사이의 일입니다."

그러던 어느 날이었다. 저녁밥을 먹고 남폿불에 불을 당기려하는데 우리 반의 한 녀석이 헐레벌떡 뛰어들어 왔다.

"선생님, 선생님! 혁중이가 재명이네 안방에 이불을 덮고 누워 있어요."

"임마, 혁중이가 왜 재명이네 안방에 누워 있어?"

"재명이 하고 혁중이 하고 싸웠거든요."

부랴사랴[31] 재명이네로 달려가 보니 과연 혁중이는 재명이네 안방에서 식식거리며 큰 대자로 누워 있다. 손에는 커다란 돌덩이를 오지게 쥐고서….

재명이 아버지가 살살 달래도, 혁중이 아버지가 닦달을 해도 아무

---

30) 비라리치다 : 구구한 말로 남에게 무엇을 청구하다.
31) 부랴사랴 : 매우 부산하고 급하게 서두르는 모양.

소용이 없었다. 담임인 내가 그리 야단을 쳐도 끄떡 안했다.

"선생님, 이건 우리들 사이의 일입니다."

하여간에 재명이와 재명이 형을 데려오라는 것이었다. 자초지종을 들어보니 독종 혁중이가 지독히 화가 날만도 했다. 처음에는 같은 반이며 같은 동네 친구인 재명이와 1대 1로 한 판 싸움이 붙었다. 재명이는 무쇠주먹이며 떡심[32]이 강한 혁중이의 상대가 될 수 없었다. 재명이는 혁중이에게 맞은 분풀이로 중학생인 그의 형에게 구원을 요청했다. 결국 2대 1의 싸움이 벌어졌다. 아무리 다부지고 주먹펀치가 세고 쌈패라고 해도 2대 1의 싸움에 혁중이가 맞을 수밖에 없었다.

그러나 재명이와 재명이 형은 땅벌을 건드린 것같이 상대를 잘못 건드린 꼴이 되었다. 혁중이는 형제에게 맞으면서도 이를 부득부득 갈며 끈질기게 대들었다. 맞으면서 대들고 넘어지면 바짓부리라도 붙들고 대들었다. 기어코 혁중이 떡심에 두 손을 들고 재명이 형제는 산 속으로 도망을 갔다. 분을 못 삭인 혁중이는 돌을 집어 들고서 동네방네 찾아다녔지만 그 형제를 찾지 못하자 재명이네 안방에 누운 것이다. 식식거리면서 재명이 형제를 불러오라는 것이다.

이야기를 들어보니 혁중이는 맞아서 분을 석삭이지[33] 못하는 것이 아니었다.

"왜, 1대 1 싸움에 중학생 형이 끼어들어요!"

그래서 싸운 이유를 물어보니 역시 입은 자물통을 채운 듯 묵묵부답이다.

"선생님, 이건 우리들 사이의 일입니다."

32) 떡심 : 억세고 질긴 근육, 끈질긴 사람의 비유.
33) 석삭다 : 불끈 일어난 노여움이 풀리다, 의심하는 마음이 풀리다.

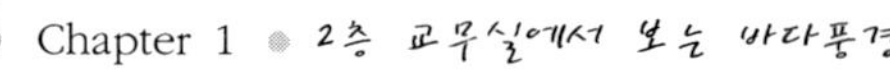

결국 사건의 해결은 결자해지(結者解之)라고 산으로 도망갔던 재명 형제가 싹싹 빌고서 대단원의 막이 내렸다.

혁중이가 중학교 2학년인 어느 추운 겨울날, 재명이가 헐레벌떡 교무실로 뛰어들어 왔다.

"선생님, 혁중이가 연탄가스에 중독 되어 송전병원으로 실려 갔어요."

혁중이는 바로 문 앞에 연탄아궁이가 있는 방에서 친구와 자다가 변을 당하였다. 같이 잔 친구는 죽고, 혁중이는 의식불명인 상태에서 시골의원으로 실려 갔다. 그 방을 들어가 보니 참으로 처참했다. 벽은 고통 속에서 문을 찾던 손톱으로 할퀸 자국 천지였다. 피범벅이 된 할퀸 자국은 살려고 발버둥쳤음에 모골을 송연케[34] 하였다. 연탄가스로 인해 언어중추 신경마비가 되어 말이 안 나오니 손으로 벽을 할퀸 것이다.

참으로 사람 마음은 간사하다. 한 치 건너 두 치라고 내가 가르친 제자 녀석이 안 죽어서 그나마 다행이라는 생각이 들었으니 말이다.

부리나케 혁중이가 있는 의원으로 달려갔다. 혁중이는 입에 나무 재갈을 물고 극심한 고통에 몸부림치고 있었다. 물론 의식불명인 상태에서 이를 바드득바드득 갈았다. 고통이 얼마나 심했으면 재갈로 물린 단단한 나무가 너덜너덜해졌다.

거기서 고압산소치료기가 있는 수원의 종합병원으로 이송했다. 결국 혁중이는 생명을 구했다.

아마 그 녀석은 독종이 아니었거나 떡심이 없었으면 그때 생명을 못 건졌을 것이다. 녀석의 모르쇠 같은 끈질긴 힘이 그의 목숨을 구했다고 여겨진다.

---

34) 모골이 송연하다 : 끔찍스러워서 몸이 으쓱하고 털끝이 쭈뼛해지다.

그 후 수원에 있는 고등학교로 진학을 했다가 연탄가스 후유증으로 시골학교로 전학을 했다. 중독 이후 도대체 집중이 잘 안 된다는 것이다. 하기야 연탄가스는 얼마나 무서운지, 새 함석연통이 삭을 정도이니….

30년이라는 세월이 갈피갈피 흐른 다음에 동창회에서 혁중이를 만났다. 벌써 두 아이의 아버지가 되었다. 지금도 그 성질이 그대로 남아있냐고 물으니 씩 웃고 만다. 그 녀석은 마음에 들면 씩 웃는 것이 고작이었다.

지금도 귀에 쟁쟁하다. 혁중이가 하던 말이,

"선생님, 이건 우리들 사이의 일입니다."

지금 생각을 해보면 맞는 말이다. 그들만의 사회가 있고 의리도 있고 다툼도 있으며 우정도 있는 것이다. 아무것도 모르는 풋내기 교사였던 나는 물덤벙술덤벙[35] 끼어들었음을 지금에서야 깨닫게 된다.

동창회에서 저마다 나에게 맞은 이야기만 한다.

"야, 너희들은 어찌 얻어맞은 이야기만 하냐?"

"선생님, 사실이잖아요!"

할 말이 없었다. 언뜻 이즈음 읽은 가브리엘 루아가 쓴 「내 생애의 아이들」에 나오는 말이 생각났다.

"선생은 학생을 오로지 벌을 주기 위해서 있고, 아이들은 굽히기 위해서 있는 것 같은 느낌이 든다."

그 아이들이 벌써 지천명의 나잇줄에 들어섰다.

35) 물덤벙술덤벙 : 아무 일에나 대중없이 날뛰는 모양.

뒷정리를 잘하는 꽃

어제는 갑자기 출장을 갈 일이 생겨 모든 학급의 뒷정리를 당번에게 맡기고 떠났다.

오늘 아침에 교실에 들어서니 가관이다. 물걸레 하나는 책상 위에 널브러져 있고 빗자루와 쓰레받기는 쓰레기통 근처에 내팽개쳐져 있다. 그리고 교실 창문 하나는 반쯤 열린 채로 있고, 구석에는 쓰레기가 모아져 있다. 뒷마무리가 안 되어 있다.

마치 장미꽃이나 목련꽃과 같다. 꽃 중의 꽃이라고 하여 향기가 좋고 그 모습이 아름다운 장미는 꽃이 질 때는 그렇게 너저분할 수가 없다. 피어있을 때는 화사하고 향기로우나 지는 꽃 이파리는 그렇게 지저분할 수가 없다. 목련꽃도 마찬가지다. 봄의 화신으로서 백학과 같이 고아한 자태를 자랑하는 목련꽃도 꽃이 지는 뒷마무리가 어지럽다.

그런 반면에, 무궁화꽃의 자태나 향기는 장미와 목련에 비해 별 귀여움을 받지 않으나 뒷정리를 잘하는 꽃이다. 무궁화꽃이 질 때는 꽃잎들을 다 오므리고 정갈하게 진다. 우리나라 토종 꽃인 분꽃이나 나팔꽃도 그에 속하는 편이다.

물론 꽃의 모양새로 보아 갈래꽃과 통꽃의 차이 때문이긴 하지만 그 꽃들의 뒷정리나 뒷마무리는 확연하게 차이가 난다.

화사하게 피었다가 길바닥에 이리 날리고 저리 밟히는 장미꽃을 보면 탐탁스럽지 못하다. 그래서 꽃은 수수하지만 다소곳이 뒷마무리를 잘하는 무궁화꽃에 더 정감이 간다.

이상문의 동시에 '뒷정리를 잘하는 꽃'이 있다.

질 때는 뒷정리를 잘하는 꽃
당번 활동 끝내고
꼭 짜놓은 물걸레처럼
꽉 오므리고 떨어지는 꽃
하루 내내
분필가루 날리던 칠판
깨끗이 닦아내고
내일 쓸 분필 하나 올려놓듯
뒷정리를 잘하는 꽃
잘 여문 씨앗 하나 두고 간다.

사람도 그렇다. 장미나 목련처럼 꽃은 화사하고 우아하나 뒷정리가 지저분한 사람이 있는가 하면, 무궁화나 나팔꽃처럼 꽃과 향기는 그저 수수하나 뒷마무리를 깨끗이 하는 사람이 있다.

여기서 성격의 유형이 큰 요인이 되기는 하지만 크게 두 가지의 인간 유형으로 분류할 수 있다.

어떤 당번은 뒷정리나 뒷마무리를 매초롬하게 잘하는 아이들도 있다. 대개 처음에는 잘하지만 뒷마무리까지 잘하는 것을 보면 그 아이들의 성격을 가늠할 수 있다. 그래서 처음보다는 뒷정리를 잘하는 아이들에게 더 믿음성이 간다.

초발심자경문(初發心自警文)이라 하듯 처음 마음을 그대로 끝까지 갖는 것은 어려운 일이다.

글씨를 쓰는 것도 그렇다. 어떤 아이는 처음에는 반듯하게 잘 쓰지만 뒤로 갈수록 기러기 날아가듯 흐지부지 쓰는 아이가 있다. 또 다른 아이는 초지일관으로 묵묵히 자기의 글씨체를 처음과 끝을 같게 하는 아이도 있다.

나는 전자(前者)와 같다. 매양 글을 쓸 때는 반듯하게 잘 써보자고 시작은 하지만 써 갈수록 나 자신도 몰라볼 정도로 난삽하게 쓴다.

옛날에는 신언서판(身言書判)이라 하여, 글씨가 인간 됨됨이를 평가하는 중요한 기준이 되었다. 나는 아마 그 등급의 아주 아래 등급을 차지할 게 틀림없다.

이제는 컴퓨터의 출현으로 눈 가리고 아옹하고 있으나 본질은 비껴갈 수 없다.

나는 취미를 가져보려고 여러 군데 집적거려 보았다. 우표 모으기, 사진 찍기, 음악 감상 등. 그러나 지금은 어느 것 하나 제대로 된 취미로 건사하지 못하고 있다. 뒷정리를 못하는 꽃이나 매양 마찬가지다.

공수신퇴(功遂身退)라는 말이 있다. 글자 그대로 공을 이룬 다음에는 물러설 줄 알아야 한다. 우리의 역사 속에서도 공을 이룬 다음 물러설 때의 적기를 놓쳐, 전에 이룬 공까지 물거품이 되는 경우를 종종 접한다.

우리나라 역대 대통령만 보아도 제대로 공을 마무리하고 뒷정리를 잘하고 떠난 대통령이 한 사람도 없다. 다들 처음에는 장미꽃처럼 화려하게 공을 이루었지만 질 적에는 장미꽃처럼 지저분하게 지고 말았다. 무궁화꽃처럼 정갈하게 뒷정리를 잘하지 못하였다.

전직 대통령이 아들 때문에 불명예로 끝났는데 그러지 말라고 기대하면서 새로 뽑은 대통령도 다시 그 전철을 밟고 있다. 더하면 더했지 덜하지 않기 때문에 박탈감이 더하다. 마치 장미꽃 이파리가 너저분하게 지는 것과 똑같다. 그래서 긴 세월의 고난 속에 이루어 놓은 공이 물거품이 되고 말았다.

어느 글에서 이런 글을 읽었다.

"한 번 경험을 통해서 배우지 못하면 게으른 사람이고,
두 번 경험하면서도 배우지 못한 사람은 어리석은 사람이다.
세 번 경험을 하면서 여전히 배우지 못한 그 사람은 나쁜 사람이고,
네 번째 경험에도 아무 것도 배우지 못하면 그 사람은 사람도 아니다."

그런 걸 보면, 우리 주위에는 나쁜 사람과 사람도 아닌 사람이 천지가 아닌가.

한 번 무궁화꽃이 지는 모양을 눈여겨보자. 속 안의 것들을 하나도 안 보이게 겉 꽃잎들을 오므리고 떨어지는 것을.

뒷정리를 잘하고 뒷마무리도 잘해야겠다. 특히 죽음을 맞이하는 뒷마무리된 삶의 마감.

너저분하고 지저분하게 남의 입에 오르내리며 손가락질 받는 사람보

다는 "그 사람 죽어서 참 안 됐어"라고 사람다운 가치를 인정받는 사람이 되어야 하지 않을까.

천주교에서 사람이 죽었을 때 염(殮)을 비롯하여 여러 가지 뒷마무리를 봉사하는 어느 회원의 말이다.

죽음을 맞이하여 뒷정리와 뒷마무리를 잘하고 떠난 고인의 얼굴 모습은 평화롭기 그지없다고 한다. 그러나 이승에서 뒷정리를 못하고 용서 못하고, 움켜쥐고, 아등바등했던 고인의 얼굴 모습은 추하게 찡그리고 떠난다고 한다.

모든 뒷정리를 하고 훌훌 털어버리고 어디론가 떠날 준비도 필요한 것인가 보다. 민들레처럼….

철모르게꽃

이곳 자그마한 섬마을 분교(分教)에 와서 아이들과 생활한 지도 벌써 3년째 접어들고 있다. 학교 운동장 바로 앞에는 초승달 같은 해수욕장이 있다. 하루에 두 번씩 어김없이 바닷물이 밀고 썰고 한다.

해오름과 해거름에는 은빛, 금빛 물너울이 춤을 추고 괭이갈매기가 둥실거리는 곳이다. 수평선 위에는 올망졸망한 섬들이 태고의 전설을 보듬은 채 옹기종기 앉아있는 곳이기도 하다.

나는 이 섬 마을에 와서 난생 처음 보는 야생화를 보았다. 이곳 사람들은 '철모랭이꽃' 혹은 '철모르게꽃'이라고 불리는 복수초(福壽草)라는 들꽃이다.

신문을 보니 제주 한라산 해발 400m고지에서 눈이 덮인 땅을 뚫고 나온 복수초(福壽草)가 노란 꽃망울을 활짝 피우는 사진이 실렸다. 한 달 후에는 대관령의 눈꽃 속에서 핀 복수초 사진이 나를 반긴다. 얼마 안 있으면 그 섬에서도 복수초가 피기 시작할 것이다. 사진을 보니 복수초를 얼음새꽃, 눈색이꽃, 설연(雪蓮), 철모르게꽃, 철모랭이꽃이라

불리는 이유를 알만하게 한다.

복수초는 초본과(草本科)에서 가장 빨리 피는 꽃에 속한다. 그래서 이곳 서해안 섬마을에서 복수초를 철모르게꽃, 철모랭이꽃이라 부른다. 또는 새해가 될 때 피는 꽃이라 하여 원단화(元旦花)라고도 한다.

복수초는 미나리아재비과의 여러해살이풀이다. 속명은 그리스신화에 나오는 미소년을 뜻하는 아도니스(Adonis)이며, 꽃말은 동양에서는 '영원한 행복'이고, 서양에서는 '슬픈 추억'이다.

복수초는 싸라기눈이 휘날리는 2월에 언 땅을 가뭇가뭇 비집고 나온다. 4월이 되면 울금빛 꽃망울을 터뜨리고 6월에 들어서면 지상에서 자취도 없이 사라진다. 그러니 지상에서 반년, 지하에서 반년을 지내다가 새해의 이른 녘에 첫 꽃이 피는 야생화이다.

처음에는 복수초라고 해서 무슨 피비린내 나는 원한에 의한 복수(復讐)의 전설을 가득 품은 꽃이 아닌가 했다. 그게 아니라 복(福)과 장수(長壽)를 가져오는 복수초(福壽草)이다. '복수초'라는 이름보다는 '철모르게꽃, 철모랭이꽃'이라는 이곳 토박이말이 더 정감이 간다.

이 섬마을에서는 가장 먼저 피는 꽃이다. 나는 이곳 섬마을 산골짜기에서 복수초 군락(群落) 단지가 있는 것을 발견하였다. 한창 짙노란 꽃봉오리를 벙글 때의 군락은 장관이 아닐 수 없다.

나는 다른 사람들한테 함부로 복수초들이 오순도순 모여 살고 있는 둔덕을 이야기해주지 않았다. 그나마 알려지면 어중이떠중이 관광객들이 하나, 둘 캐 가면 쑥밭이 될 것은 보나마나 한 일이다. 그렇게도 말 많던 강원도 동강(東江)도 너무나 알려졌기 때문에 사람들에게 치어 동강날 뻔했기 때문이다.

따뜻한 봄날이 되면 마치 풍선이 부풀어 뜨듯이 꽃망울이 커져 그 화려한 꽃잎을 활짝 벌려 놓는다. 꽃잎이 20~30장이나 되는 수많은 꽃잎들이 포개어 달린다. 한가운데에는 밝고 선명한 노란 수술들이 가득 모여 있다. 수술 속을 헤치면 방망이처럼 돌기가 난 연둣빛 암술이 자리 잡고 있다. 낮에는 빛이 있어 펼쳐지고 밤에는 살며시 오므린다. 이 꽃은 수명이 길지 않으며 검고 딱딱한 작은 열매를 맺은 후 시들어 버린다. 바로 여름잠이 시작되는 것이다. 싹이 튼 것은 2~3년이 지나야 꽃봉오리를 맺는다. 꿀벌들이 일찌감치 찾아가는 것도 복수초이다.

복수초는 목본(木本)을 제외하고는 우리나라에서 제일 먼저 꽃을 벙그는 야생화라고 해도 과언이 아니다. 분교생활 3년 동안 가장 사랑했던 꽃이 복수초이다. 지금도 가끔 복수초 군락의 짙은 녹색 장원과 그 위에서 피는 울금빛 꽃의 장관이 눈에 선하다.

영원한 행복 복수초, 지상과 지하의 두 사랑의 슬픈 밀어와 추억을 나는 잊지 못한다.

복수초는 상사화(相思花)와 비슷하다. 상사화는 이른 봄에 잎이 무성히 나오다가 어느 날 잎들이 흔적도 없이 사라진다. 그러다가 꽃대궁만 어느 날 갑자기 삐쭉 올라와 꽃을 피우고 그마저도 소리 없이 지상에서 사라져버리고 마는 것처럼.

미소년 아도니스, 얼음새꽃이며, 철모르게꽃!

영원한 행복인 동시에 슬픈 추억을 이야기하는 꽃, 우리나라 미남배우 장동건의 팬클럽이름이 아도니스임이 무관하지 않다.

그러나 엊그제 복수초에 대한 슬픈 소식이 내 마음을 아프게 한다. 작년에 그 섬의 복수초 군락이 사그리 토벌 당하였다고 한다. 한 포기에 500원씩 눈독 들인 외지인이 차떼기로 한 탕 해갔다고 한다. 아마 어느 정당의 차떼기처럼…. 씨가 마르다시피 하였다고 한다. 내가 있을 적에도 섬나리 한 뿌리를 500원에 사가 온 섬의 섬나리가 수난을 당했던 것처럼. 그 섬은 워낙 삶이 척박해서 아마 너도나도 뽑아서 가용에 보탰을 것이다.

복수초는 영원한 행복을 기약하고 기다리는 꽃이다. 이 꽃은 한 생애의 꽃을 피우기 위해서 반년 이상을 땅 속에서 기다린다. 마치 매미가 땅 속에서 6~7년 살다가 지상에서 여름 한철 지나고 생을 마무리하듯이…….

내가 있을 때 본 복수초 군락이 마지막 장관이었을 것이다.

또한 이곳 섬 마을에는 분재가(盆栽家)들이 탐낼 만한 분재 소재가 많은 편이다. 특히 나이 먹은 소사나무들이 곳곳에 뿌리를 내리고 있다. 나와 친하게 교유(交遊)하는 한 분이 서너 번이나 분재 소재를 부탁했다. 나는 묵묵부답으로 그의 소원을 단 한 번도 들어준 적이 없다. 자연 생태계는 내 것도 아니고 사람들의 것도 절대 아니다. 그것은 하늘·땅·바람·비·불의 것이다. 우리는 그들을 무상으로 빌려 쓰는 것이니깐. 있는 것으로 내버려두는 것이 최상의 자연 사랑이라 생각한다. 그냥 내버려두어도 인간에게 무수한 혜택을 베푼다.

그밖에 섬마을 해변에는 갯메꽃이 무성히 퍼지고, 자줏빛 갯완두도 소박한 아름다움을 전해주는 들꽃이 있다. 이곳 섬 주민들이 복수초나 갯완두, 갯메꽃 등과 같은 야생화를 계획적으로 번식, 상품화하여 농가의 소득을 올릴 수 있나 하는 생각도 해보았으나 다 허사가 되고 말았다.

뭐든지 빨리빨리 라는 조급증에 걸려있는 현대인에게 기다림의 세월을 보듬는 철모르게꽃의 인고(忍苦)하는 세월을 좀 터득했으면 한다. 반년을 땅속에서 기다렸다가 피는 복수초처럼 말이다.

부러움과 부끄러움

해외연수단은 영국행 비행기를 타기 위해 인천공항 28번 게이트 탑승대기실에서 기다리게 되었다. 많은 사람들이 대기실로 모여들었다. 대부분 한국인이었지만 서구인도 꽤 있었다.

대개의 서구인들은 남녀를 불문하고 대기시간에 책을 펴들고 느긋이 책을 읽고 있다. 그것도 책의 부피가 한 5~6백 페이지나 될 듯한 두툼한 책을 겁 없이 읽고 있다.

다들 독서삼매경에 빠져있다. 그 두꺼운 책의 부피와 독서 습관이 나를 놀라게 한다. 나도 긴 비행시간에 책을 읽기 위하여 얄팍하고 가벼운 책 세 권을 준비해 왔다. 가벼운 소설책 1권, 계간지 1권과 공항서점에서 산 우리나라 야생초에 관한 산문집 1권이다.

기내에서도 그들은 열심히 책을 읽고 있다. 옆자리에 앉은 노랑머리 외국인 젊은이는 겁나게 두툼한 책을 읽고 있다. 그것도 옆에다 두꺼운 영영사전(英英辭典)을 놓고 무엇인가를 부지런히 찾으며 책을 읽고 있다.

공항대기실, 비행기 기내, 어디를 가도 여유 시간에 책을 읽는 서구인들이 참으로 많은 편이다. 그들은 책이 없으면 신문이라도 열심히 읽는다. 그에 비하여 많은 한국인 여행객들은 책을 읽는 사람들이 별로 였다.

내로라하는 명품점에는 한국인들로 문전성시를 이룬다. 수백만 원어치나 되는 버버리 명품들을 한 가족이 한 아름씩 껴안는 것을 보면 우리의 국력신장을 실감케 하기도 한다. 과연 그런 것이 진정한 국력일까, 생각해 볼 문제이긴 하다. 정작 명품의 나라에는 그들의 명품을 사용하는 자국민이 그리 많지 않았다.

그것이 내가 유럽에 가서 느낀 그들의 문화적 여유로움의 첫 번째 부러움이었다.

영국에서 해저터널을 통과하는 유로스타 기차로 불란서에 도착했다. 호텔 객실 사용에 대해서 안내하는 한국인 가이드의 말이 가관이었다.

"호텔 객실의 미니바(미니 냉장고)는 잠겨 있으니 사용하려면 프런트에 연락하고서 사용하세요."

이유는 간단하다. 대부분 한국인 관광객들이 미니바의 물건을 먹고서 계산하지 않고 그냥 가기 때문이라는 것이다. 그래서 호텔 측에서는 한국인이 투숙하면 미니바를 잠가 놓는다는 것이다.

다 아는 이야기지만 호텔 객실의 미니 냉장고에 있는 생수, 맥주, 음료수 등은 자유롭게 먹고서 체크아웃 할 때 계산하고 나가야 한다.

객실의 미니냉장고를 확인하니 꽁꽁 잠겨 있어서 물 한 모금, 음료수 한 병 자유롭게 먹을 수 없게 되어 있었다.

참으로 그 소리를 들으니 얼굴이 화끈거렸다. 이번 여행에서 느끼는 첫 번째 부끄러움이었다.

유럽에서는 어디에서든지 물을 일일이 사먹어야 한다. 심지어 음식점에 가서도 물을 따로 사먹어야 한다. 한국 음식점처럼 당연히 물이 나오지 않는다. 대부분 유럽 나라의 물에는 석회가 많이 녹아있기 때문에 그대로 마실 수 없다.

오기가 나서 어두컴컴한 길거리를 건너 24시간 편의점에서 찝찔한 미네랄워터를 사다 먹었다.

여행의 참된 목적은 그들 나라의 풍경, 문화재, 명품만 보러온 것이 아니다. 그들이 그렇게 이뤄놓은 문화의 본질 등 모든 것들을 생각해야 할 것이다.

우리들이 이뤄 놓은 압축경제 성장에 의한 천민적 자본주의는 이렇게 외국에서 벌거숭이로 드러나게 마련이다. 정신적인 성장은 압축하거나 건너뛸 수 없는 것이다.

우리 사회에 인간의 가치는 물질과 그 소유에만 있다는 저품격 인식이 팽배해 있다.

영국의 극작가 오스카 와일드는, "인간의 가치는 그 사람의 소유물에 있는 것이 아니라 인격에 있다"라고 하고, 서울대 정옥자 교수는, "품격은 돈과 지식이 많은 데서 나오는 것이 아니다. 남에게 폐를 끼치지 않는 예절을 몸에 익히는 데서 나온다"라고 말하고 있다.

아무리 잘 살아도 아무 나라나 선진국이라고 하지 않는다. 진정한 선진국으로 가는 길은 고품격 사회를 구현하는 것이 아닐까 한다.

입국할 때, 내가 탄 이태리발 비행기 승객은 인천 세관에서 전부 가방을 여는 검사를 받았다. 개중에는 명품 가방, 옷, 구두 등을 들고, 입고, 차고, 신고, 쓰고 들어와서 그런가 보다. 하기야 불란서, 이태리,

스위스, 영국은 명품의 나라가 아닌가.

우리들의 겉 명품은 아주 화려하다. 영국의 버버리숍에는 한국인들이 득시글득시글한다. 층마다 한국인 직원 서너 명이 겉 명품 만들기에 구색을 부추기고 있다.

정작, 명품의 나라 영국과 불란서, 이태리 사람들은 그들의 명품을 걸치고 다니는 사람들은 그리 많지 않았다. 그저 자기만의 개성 있는 모습들로 다닌다. 그들은 창조력과 장인정신으로 이룬 세계적인 명품 브랜드를 세계로 접목시키고 있다. 그 밑의 저력에는 그들의 끊임없는 독서력도 한몫 할 것이라는 생각이 들었다. 그것이 그들의 속 명품일 것이다.

우리들은 속 명품이 속빈 강정이 아닌가 한다. 겉궁합보다 속궁합이 더 중요하다는 말이 우리들에게도 있지 않은가.

손이 게으르면 머리가 늙는다

엊그제 5학년 미술 시간에 '방패연 만들기' 시간이 있었다.

요즈음 연 만들기는 옛날과 달라서 규격화가 되고 조립식으로 된 연의 재료를 가지고 만들게 되어 있다. 우리가 보기엔 무척이나 쉽고 금세 만들 것 같은데 아이들은 두어 시간을 넘게 씨름을 해가면서 허덕거리지만 잘 만들지 못하였다.

내가 어렸을 적에는 부러진 갈퀏발 대나무를 창칼로 얇게 다듬어서 연 살을 만들고, 자기 나름대로 설계하고 마름질하여 자기만의 독특한 연을 만들기도 하였다. 물론 얼레도 우리가 만들고, 연싸움에 대비하여 연줄에다 땡감 물을 먹이거나 사금파리가루를 곱게 빻아서 강풀에 섞어 입히기도 하였다.

지금의 아이들은 댓살에 무명실 하나 제대로 묶지 못하고 얼기설기 매느라 끙끙거린다. 게다가 아주 간단하고 기초적인 올가미 매듭도 거의 하지 못한다. 실 하나 제대로 매듭을 짓지 못하니 연을 만드는 거야 말할 건더기도 없다.

이렇듯 아이들의 손기능이 점차 둔화되고 떨어지고 있다. 과학 실험 시간이면 성냥불을 못 그어대거나 켜서도 알코올램프에 벌벌 떨며 불을 붙이는 아이들이 꽤 많다. 칼로 자기 연필을 제대로 깎지 못하는 아이들이 부지기수이고, 젓가락질을 바르게 하지 못하는 아이들이 지천이다. 오죽하면 초등학교의 개정된 교육과정에 젓가락질을 교육하는 내용이 삽입되었을 정도이다.

물론 이런 현상은 우리나라만의 일이 아니다. 자녀를 한 명만 낳아야 하는 중국은 자기 신발 끈을 제대로 매지 못하는 아이들인 소황제[36]가 90%가 넘는다고 한다.

이제 성냥 켜기는 라이터나 전기가, 연필깎이는 칼보다 자동연필깎이가, 젓가락의 자리에는 포크가 놓여지고 있는 실정이다. 이의 주된 원인은 요즈음 흔히 말하는 왕자병과 공주병 때문이다.

이렇게 편리함만을 추구하는 과학 문명의 발전은 손의 기능을 퇴화시키고 있다. 그 대신 컴퓨터의 자판을 두들기거나 오락 기계들로 갈마들고[37] 있다.

우리 속담에 "손이 게으르면 머리가 늙는다"라는 말이 있다. 우리 조상들은 예로부터 손의 기능을 중요시하는 생활과 교육을 하여 왔다. 우리가 다 알다시피 손의 씀씀이에 따라 왼손은 오른쪽 뇌를, 오른손은 왼쪽 뇌를 발달시킨다는 것이 과학적으로 증명되고 있다.

그러나 우리 민족은 아주 오랜 옛날부터 그런 과학적인 증명 없이도 생활 과학의 경험 속에서 일찍이 손을 부지런히 움직이는 생활 교육을

---

36) 소황제 : 중국 도시에서 과보호를 받으며 자라는 외동아이를 일컫는 말. 중국 특유의 산아제한 정책과 뿌리 깊은 남아선호사상의 여파로 생겨났으며, 특히 도시에서 그 경향이 심하다.

37) 갈마들다 : 서로 번갈아 들다.

하여 왔다.

예를 들어서, 쌀미 자(米)만 보더라도 쌀 한 톨 생산하기 위해서는 88번이나 손을 거쳐야 한다는 의미가 담긴 글자라고 한다. 미작 농업 중심의 우리 조상들은 일찍부터 손을 바지런히 움직여 뇌를 발달시키고, 창의적인 머리를 일구어 온 것이다.

또 우리 조상들의 육아법을 보더라도 일찌감치 아이들에게 젖먹이부터 손가락 훈련을 시켜 머리의 발달을 도모하는 슬기를 지녀왔다. 아이들에게 손가락으로 하는 곤지곤지, 잼잼 등을 시켜서 손의 기능을 훈련시키면서 머리를 발달시켰다. 거기다가 젓가락질을 통하여 뇌의 기능을 과학적으로 향상시켜왔던 것이다. 이런 생활 과학적인 육아법을 우리 조상들은 대대로 시켜왔건만, 요즈음 신세대 엄마들은 서양 육아법에 허겁지겁하여 젖먹이들을 엎어 재워서 숨이 막혀 죽는 일이 종종 벌어지곤 한다.

우리 조상들은 어른이 되어서도 남자는 새끼 꼬기, 여자는 길쌈이나 바느질 등을 통하여 부지런히 손을 움직이는 생활을 오랜 역사를 지니면서 생활화하였다.

우리나라의 어느 학자는 우리가 세계 기능올림픽 대회에서 잇달아 우승하거나 올림픽 대회에서 주로 금메달을 획득하는 종목은 주로 손을 사용하는 종목이라고 설파한 것을 들으면 수긍이 아니 갈 수 없다. 예를 들어 금메달 밭이라 할 수 있는 양궁, 탁구, 핸드볼, 배드민턴, 태권도 등이 주로 손을 사용하는 운동이다. 육상은 주로 발을 사용하기 때문에 그 실적이 부진하지 않은가 한다.

이제는 텔레비전 하나 켜고 끄는 데도 리모컨이 할 정도로 '손 하나 까딱하지 않는 시대'가 도래하고 있다. 과연 그렇게 편리함만 추구하는 것이 실로 우리에게 좋은 것일까? 얻는 것이 있으면 반드시 잃는 것이 있기 마련이다. 그렇게 되면 모든 일을 머리와 기계로만 하려고 하기 때문에 손 기능의 둔화를 가져와 결국 머리의 퇴화를 가져오지 않을까 걱정이 든다.

유치원이나 초등학교에서 기초적인 손 기능을 익히도록 가정과 학교에서 교육시키는 것이 필요하지 않을까 하는 생각이 든다. 아직도 자기 운동화 끈을 제대로 매지 못하는 아이들, 못 하나 제자리에 박지 못하고, 성냥개비 하나 제대로 그어대지 못하는 아이들로 자란 손 기능 미숙아는 결국 정신적인 머리의 미숙아가 될 가능성이 크기 때문이다.

우리 민족이 이룩해 놓은 찬란한 문화유산은 대개가 우리 조상들의 남다른 손재주의 우수함을 밑바탕으로 하여 이룩해 놓은 문화라고 해도 과언이 아닐 것이다. 석굴암, 팔만대장경, 고려자기, 금속활자 등이다.

가정에서도 아이들에게 기초적인 손 기능을 부지런히 익히도록 훈련시켰으면 한다. 어떤 엄마들은 아이들이 손을 벨까봐 칼을 못 쓰게 하고, 손을 델까봐 성냥불을 켜지 못하게 하는 등 과보호가 너무나 많다. 자녀가 하나 아니면 둘이기 때문에 올바르지 못한 부모의 왕자병 · 공주병의 교육열은 아이들을 갈수록 기본생활에서 멀어지게 하고 있다. 따라서 가정에서도 바느질도 시키고, 실매듭도 지어보게 하고, 못도 박아보고, 성냥도 켜보게 했으면 한다.

"손이 게으르면 머리가 늙는다"라는 말이 허투루 한 말이 아님을 증명하는 일들이 노인층에서도 벌어지고 있다. 노인성 치매(癡呆)를 막기 위해서 일부러 색종이 접기나 가래를 굴리는 노인들이 늘어나고 있다. 결국 손을 부지런히 쓰지 않으면 뇌의 노화 현상이 빨리 온다는 사실이 증명된 것이다. 그래서 옛날 우리나라 노인들은 새끼를 꼬거나 가래를 굴리며 머리 건강에 힘써 왔다.

세계 올림픽 대회에서 양궁이 연속해서 우승한 것은 그냥 얻어진 것이 아니다. 우리 민족의 핏속에는 수천 년 동안 면면히 흘러온 손 기능의 소산이 있음을 우리는 다시 한 번 음미해봐야 할 것이다.

세계화의 물결은 도도히 흐르지만, 참다운 세계화란 세계 속에서 두루뭉술한 문화를 갖는 것이 아닐 것이다. 누가 이야기했듯 가장 민족적인 것이 가장 세계적인 것이라고 한다. 세계 문화유산으로 지정된 석굴암이나 팔만대장경도 다 손으로 이루어진 우리 민족의 손재주 문화인 것이다.

1999년에 선정된 세계 10대 음식 중에 우리나라 오이소박이가 당당히 뽑혔다. 맛깔스럽게 담그는 세계 속의 김치도 손끝 맛으로 이루어지며, 그윽한 곡선의 멋을 한껏 자아내는 한복도 손바느질 솜씨이다. 고즈넉하게 추켜세우는 한옥 지붕도 우리 목수들의 손 다듬질에 의해서 만들어진 것이다.

일본 속의 우리 문화를 탐방했을 때 일본인들은 우리나라 옛 건축문화의 백미(白眉)라고 할 수 있는 배흘림기둥이나 추녀를 날렵하게 치켜세우는 재주가 없기 때문에 그들은 그런 집들을 짓지 못하는 것을 볼 수 있었다.

우리는 손재주가 유달리 뛰어난 민족의 후예이다. 언제나 어디서나 손을 부지런히 놀려 머리가 늙지 않는 세계 속에서 창의성을 발휘하는 중추적인 민족으로 발돋움 했으면 한다.

우리 말글살이

나는 지하철 공사가 한창 시끌벅적하게 벌어지고 있는 길로 날마다 출퇴근을 한다. 거기에는 각 회사의 공사 구간마다 여러 가지 구호가 적힌 현수막이 으레 하나 둘씩은 걸려 있게 마련이다.

작년에 어느 구간에 걸렸던 현수막의 내용 중의 하나가,

"본 공사장에서는 비산(飛散) 먼지를 내지 않습니다"이었고, 올해 그것 대신 내걸은 현수막은,

"안전모 미착용자 고소금지(安全帽 未着用者 高所禁止)"이다.

그 뜻을 헤아려 보면,

"이 공사장에서는 날림 먼지를 내지 않는다", "안전모를 착용하지 않은 사람은 높은 곳에 올라가지 말라"라는 뜻일 게다. 물론 한자로는 표기되어 있지 않았다.

그 지하철 공사장 옆을 지나가는 수많은 사람들이 그 뜻을 알고 지나치는 사람들이 몇이나 될까 생각을 해 본다.

또 육교 위에 현수막이 하나 붙어 있다. '불법 광고물 게첨 금지'이

다. 아마 한자로 게첨(揭添)일 것 같은데, 국어사전에도 없는 낱말이다. 하기사 '불법 광고물을 붙이지 마시오' 하면 누이 좋고 매부 좋은 격인데 말이다.

또 일전에 신문을 보니 '수사자 위령제(水死者 慰靈祭)'라고 하여 물에 빠져 죽은 사람들의 영혼을 위로하는 추모제라는 뜻일 게고, 국민통합 추진 회의(일명 통추위), 국회의원에 떨어진 인사들이 만든 음식점 이름이 '하로동선(夏爐冬扇)'이라 한다. 일명 '여름철 화로, 겨울철 부채'라는 뜻으로 작명한 사람 나름대로 깊은 뜻이 있겠지만 어디 무식한 서민들은 그 깊은 뜻을 헤아리겠는가.

소위 그들은 우리나라 지도자급들도 웬만한 사람은 알지도 듣지도 못하는 이름을 내걸으니 이것이 우리 말글살이의 현주소이며 자리 매김이다. 또 어떤 유명한 문인이 지은 집의 이름이 '부아옥(負兒屋)'이었고, 우리나라의 노회한 한 정치가는 정치판의 자기 수모를 '토사구팽(兎死駒烹)'이라고 술회한 어려운 한자 숙어가 우리들 입에 오르내린 적이 있었다.

플로베르 일물일어설(一物一語說)에 의하면 가장 으뜸이 되는 말이란 그 사물이나 상황, 현상에 최적의 말이라고 한다. 최적의 말을 찾기 위해서 한자를 사용할 수도 있겠지만 그것도 누구나 쉽게 알 수 있는 일반성이 있는 말이어야 할 것이다.

'갓길'의 일본식 낱말은 '노견'이라는 말이 있다. 이 말을 달리 생각하면 '늙은 개라는 것인지, 늙은 사람들의 의견이라는 것인지….' 생각하기에는 여러 가지 의미가 명확하지 못하게 파생될 수 있는 것이다. 우리가 듣고 보기에도 노견이라는 말보다는 갓길이라는 말이 우리의 정서와 말글살이에 친숙함을 느낄 수 있는 것이다.

나의 고향 마을 이름에는 두 가지 이름이 있었다. 밤과 바위가 많아 작은 밤바위라고 불리던 마을은 한자 표기로 소반리(小盤里)로, 큰 밤바위는 대반리(大盤理)로, 숲말은 임동(林洞), 꽃골은 화곡동(花谷洞), 달골은 월곡동(月谷洞)으로 불려졌고, 행정상으로는 한자어로 표기하고 있다.

우리 주위에는 이런 말글살이가 부지기수이다. 노인(老人)은 공경한다는 뜻이 담겨서 괜찮고, 늙은이라고 하면 상스러운 말이라는 인식이나, '유세차…' 하며 뜻도 모르는 축문을 읊조리는 것이나 매양 마찬가지이다.

일찍이 한글학자 주시경 선생은, "말이 오르면 나라도 오르고, 말이 병들면 나라도 병든다"라고 했다. 말은 우리가 다 알다시피 그 민족의 넋이요, 혼이 담긴 것이다.

더구나 우리 민족은 세종대왕과 집현전 학자들에 의하여 세계에서 독창적인 글자를 만들어냈다. 한글이 유네스코 세계 유산에 등록되어 있고, 유네스코에서 문맹퇴치가 우수한 나라에게 주는 상 이름도 '세종대왕상'이다.

갈수록 외국어, 외래어 등 국적을 알 수 없는 말들이 판을 치는데 세계화의 물결 속에서 세계 속으로 우리 것들을 띄어 보낼 수 있는 노력이 필요하다.

구태여 안성맞춤으로 어울리는 우리말이 있는데도 뜻을 헤아리기 어려운 한자나 외국어를 거침없이 사용하는 것은 겨레의 정서로 보아 여간 걱정스럽고 섭섭한 일이 아닐 수 없다.

1학년 우리 반 학습물 모음집을 만들면서 부모와 의논하여 순 우리

말로 모음집 이름을 짓도록 하였더니, 뜻있고 재미있는 이름들이 많았다. 조금씩 조금씩 차근차근 자라라는 뜻의 '시나브로'가 있는가 하면, 항상 친구처럼 대하라는 '늘벗', 가지처럼 싱싱하게 뻗어 나가라는 '너울가지'도 있고, 자기의 꿈과 희망을 담는다는 '꿈터', 더불어 살아가는 어린이가 되자는 '다생' 등도 있었다.

더구나 97학년도부터 초등학교 교육과정에 영어 교과과정이 신설되어 3학년부터 단계적으로 영어를 1주일에 두 시간씩 가르치게 되었다. 그 의도는 세계화의 물결 속을 헤쳐 나갈 한국인으로 자리 잡게 하려는, 중학교부터 대학까지 십수 년 동안 영어 교육을 하였건만 입 한번 제대로 벙긋하지 못하는 영어의 생활화의 문제점을 개선하기 위해서라고 한다.

과연 개념도 확실하게 정의되지 못한 '세계화'란 무엇인가?

세계의 민족과 국민이 서로 비슷한 문화, 생활양식, 사고, 언어 · 문자생활을 갖추고 사는 것인가. 아니면 그 민족이나 국가가 지닌 창조적인 문화를 세계 속에 알리고 서로 향유하며 보편적이면서도 나름대로의 문화를 심어 보는 것인가.

어찌 보면 문명이나 문화는 한 덩어리가 될 수 없는 태생적 속성이 있는 것이라고 생각한다. 기후, 지형, 위도 차이에서 오는 자연 환경의 차이와 민족 · 인종의 차이가 모든 것을 하나로 만들 수 없는 요소이다.

마치 이것은 우리나라 김치 문화가 태생적으로 우리 자연 환경에 적응해서 자생된 우리만의 문화이기에 이것을 아라비아 사막 지방에다 세계화시키기란 본질적으로 문제가 있는 것이다.

독일의 유명한 언어 사회학자 다터 침머는 두 가지 언어를 한꺼번에 배우는 것은 조기 이중 언어 습득 실험을 통하여 얻은 결과로 보면,

모국어가 뿌리내리지 못한 상태에서 외국어 동시 교육은 얼치기 언어생활 즉, 두 언어 모두 반쪽 언어를 사용하는 결과를 가져온다고 하였다. 더 큰 문제는 언어 습득은 사람의 혼이라고 할 수 있는 그 나라 언어생활을 통하여 그들에게 길러지는 민족이나 국가의 혼혈성(얼치기)에 더 큰 문제가 있다고 생각한다. 마치 이것은 고추장과 케첩을 섞어 놓은 것과 같이 이도 저도 아닌 사람으로 만들지 않을까 하는 걱정이 앞선다.

생각해 보면 넓은 세계 속으로 뛰어들어 유창하게 영어를 구사하여 개척하고 펼쳐나가야 할 일들이 전 국민일 수도 없고, 또 모든 국민이 일생 동안 그렇게 영어를 사용할 기회도 별로 없다. 기껏해야 해외여행일 것이다. 그러므로 유창하게 영어를 구사할 수 있는 인재의 육성은 특수 목적고나 외국어 대학에서, 또 필요성에 의해 집중적으로 육성하는 것이 더 바람직한 것이 아닌가 생각한다.

어느 유명한 정치인은 제2의 국어로 영어를 채택하자는 정신 빠진 소리를 서슴지 않는다. 그 이유는 미국이 모든 면에서 세계 제1의 국가이기 때문이란다. 그러면 먼 훗날에 중국이 세계 제1의 국가로 부상하면 영어 대신 중국어로 제2 국어로 선택해야 한다는 어쭙잖은 논리가 성립한다.

어찌 보면 더 값진 세계화는 우리의 것, 우리의 말을 세계 속에 심어놓는 것이 더 바람직한 것이 아닌가 한다. 누가 이야기했듯이 "가장 민족적인 것이 가장 세계적인 것이다"라는 말의 뜻을 우리는 허투루 넘길 이야기가 아님을 곱씹어 볼 필요가 있는 것이다.

구태여 쓰기 좋고 뜻 좋고 소리 좋은 우리의 정서에 착 달라붙는 아름답고 창의적인 우리말이 있는데 고집스럽게 한자말이나 외국어를 자랑하듯 사용하는 우리 주위를 볼 때 마치 빈대떡에다 치즈를 넣는 꼴이 아닌가 하는 생각이 든다.

가장 으뜸인 말글살이는 그 사물·사상에 가장 적합한 언어를 사용하는 것이다. 우리 민족에게는 태생 적부터 우리 의식을 다스려 온 우리말이 가장 알맞다는 말은 하나마나이다. 그러나 어울리는 우리말이 없을 적에는 최적의 한자어나 외래어를 사용해야 할 것이다. 고집스레 '라디오'를 '소리틀'이라든지, '백두산'을 '흰머리뫼'라고 하기엔 적합하지 않을 것이다. 말이란 표현의 수단으로서도 중요한 구실을 하지만 그 속에 담긴 함축적인 의미를 지나쳐서는 안 되기 때문이다.

역동적인 21세기를 몇 발자국 안 남기고 있다. 역사적으로 되돌아볼 때 자국의 말과 글자가 없거나 지키지 못한 민족은 이 지구상에서 흔적도 없이 사라져 갔음을 우리는 역사의 물줄기를 통하여 잘 알 수 있다.

이렇듯 그 나라의 말과 글은 그 민족이나 국민의 말글살이의 목적이지 수단이 아니라고 생각한다. 다만 외국어는 목적이 아니고 수단이라고 생각한다. 이것은 마치 뻐꾸기가 두견이 둥지에 알을 낳으면 두견이가 키우겠지만 그 새끼는 엄연히 뻐꾸기인 것처럼….

21세기의 문턱 앞에서 이제 우리는 우리말을, 우리의 것을 올곧게 사용하고 다듬고 지키고 퍼뜨려야 할 것이다. 우리 민족이 만들어내고 지켜 온 것들이 얼마나 뛰어난 것이 많은가. 과학적이고 독창적인 한글, 세계적인 발효식품인 김치, 우리 체질에 적합한 황토 온돌방, 자연과 인간이 어울리는 오방색 한복, 사계 속의 우리 자연 환경, 어려움 속에서 넉넉히 지녔던 인심과 인정 등.

진정한 세계화란 이 지구촌에다 우리의 것을 곳곳에 심고 가꾸고, 세계의 양질의 문화를 우리 땅에다 우리의 것으로 심고 가꾸는 일이 아닌가 한다. 이는 마치 깡통이 없었던 우리가 깡통김치를 만들어 세계 속에 선보이고, 김치 피자를 만들어 먹는 것이 아닐까 한다.

사건사고 현장에 수사관들이 즐겨 붙여 놓은 말 중에 '촉수금지'가 있다. 그나마 한자어로 명기하였으면 좀 나을 텐데…. 그냥 우리말로 친절하게 '손대지 마시요'하면 얼마나 좋은가.

Chapter 2
5대 3대 2

5대 3대 2

천신만고 끝에 운전면허증을 따고서 도로 주행연수를 할 때였다. 나를 가르치던 연수강사는 이렇게 말했다.

"운전을 할 때는 앞을 5, 뒤를 3, 옆을 2 정도로 주의 깊게 보면서 운전하십시오. 5 : 3 : 2입니다."

사실, 햇병아리 초보일 때는 주로 앞만 보고서 운전하기도 바쁘다. 방향을 바꾸거나 후진이 아닌 경우에는 뒤와 옆을 제대로 볼 겨를이 없기 때문이다. 또 후면과 측면이 시야에 아예 들어오지도 않는다.

그러다가 차츰 운전에 익숙해지고 초짜딱지를 뗄 무렵이면 전후좌우의 모습이 그런 대로 시야에 들어오게 된다. 그때서야 그 강사가 말한 5 : 3 : 2의 주시비율(注視比率)을 이해하게 되었다. 지금도 운전할 때는 5 : 3 : 2의 비율을 되새긴다.

우리가 살아가는 것도 자동차 운전과 비슷하지 않나 생각한다. 대개의 사람들은 무소처럼 앞만 보고 살아간다. 하도 바빠서 앞만 보고 가야 하기 때문에 옆이나 뒤를 볼 짬이 없다고 한다. 오로지 전진만 있을 뿐이다. 또 새해가 되면 이 해에는 다들 앞만 보고 가라고 야단이다.

방송 대담에서 호떡장사로 새롭게 의미 있는 삶을 살아가는 어떤 할머니의 이야기가 방영되었다. 그 분은 안정된 생활 속에서 풍요롭게 앞만 보고 살아왔으나 가정을 지탱해주던 남편과 사별하였고, 거기에다 IMF로 인해 아버지의 사업을 이어받은 아들의 부도로 새로운 삶의 환경에 부닥치게 되었다. 새 삶의 호떡장사를 하면서 그제야 옆도 보게 되고 뒤도 바라보는 충만한 삶을 살게 되었다고 술회한다.

옆을 바라보니 많은 사람들이 보이더라는 것이다. 자기보다 가난하고 어렵고 고통 중에 있는 사람도 보이고, 어렵게 살면서도 남을 돕는 사람도 보이고….

우리 주위에는 오직 앞만 보고 가는 사람들이 대부분이다. 우리나라에 온 외국인이 가장 이상하게 생각되는 것이 '뒤에 오는 사람을 위하여 문을 잡아주지 않는 것'이라고 한다. 우리는 앞만 보며 나만을 위하여 전진에 전진을 거듭하고 있다. 옆이나 뒤를 돌아보지도 않고 배려하지 않는 경우가 허다하다.

태풍 매미로 모든 것을 잃고 망연자실하고 있는 수재민 옆에서 유유히 낚싯대를 드리우는 사람들이 있다. 그들은 오직 내 낚싯대만을 쳐다본다. 울부짖고 있는 옆의 사람은 안중에도 없다. 내 일이 아니기 때문이다.

우리에게도 그런 일이 닥칠 수 있다는 개연성(蓋然性)이 언제나 존재한다는 것을 간과하고 있다.

우리의 정치현실도 대동소이하다. 오직 총선에서 압승이라는 전진을 위한 앞쪽만 보기 때문이다. 옆과 뒤의 어려운 처지에 있는 국민들은 눈에 보이지 않는다. 당장 이태백(二殆白), 삼팔선(三八線), 사오정(四五停), 오륙도(五六盜), 육이오(六二五)의 일자리가 필요한데 오직 자기 밥그릇 챙기기에 여념이 없는 철밥통이고 철면피(鐵面皮)이다. 거기다가 동료애(同僚愛)는 눈물겨워 대가리가 터지도록 싸우다가도 체포동의안(逮捕同意案)에는 부결이라니….

우리 정치에는 5 : 3 : 2의 더불어 사는 원칙이 존재하지 않는다.

육십 줄에 호떡장사를 하면서 비로소 옆을 보게 되었다는 어느 할머니의 삶의 깨달음은 명언 중에 명언이다. 하도 가볍게 까발리고 앞짧은 소리를 하며 책임 안 지는 정치인들의 말보다는 천금의 무게가 있다. 그래서 신부가 죽으면 귀부터 썩고, 국회의원이 죽으면 입부터 썩는다는 우스갯소리가 허투루 한 말이 아님을 실감하게 된다.

올해는 조삼모사(朝三暮四) 잔재주는 그만 부리고, 5 : 3 : 2의 생활철학이 모든 국민에게 진득하게 스며드는 한 해가 되었으면 한다.

다 지나가는 시간들

어느 TV 방송 대담에서 유방암 환자의 말을 듣는다. 5년간 죽음의 문턱을 넘나들며 유방암 투병 후 거의 완치되었으나 왼쪽 유방은 완전 절제, 지금은 호스피스로 봉사하는 주부였다.

아나운서가 요즈음 빈번히 일어나는 자살현상에 대하여 한마디 해 달라고 한다. 그 환자의 마지막 말이 내 마음 속에 앙금이 되어 가라앉는다.

"아무리 기쁜 일도, 아무리 고통스런 일도 다 지나가는 시간들입니다. 조금씩 조금씩 시간을 지나가게 하다보면 추억의 시간들이 됩니다."

우리가 흔히 하는 말 중에 "시간이 약이다, 산 사람은 어떡하든지 산다, 죽은 자만 억울하다"라고 하는 말들이 과연 명언이기도 하다.

우리는 잊혀지는 세월 속에 새 세월을 맞이한다. 시간은 우리 곁에 머무르지 않는다. 아마 물이 고이면 썩듯이 시간이 머무르면 우리의 삶도 썩을 것이다. 그래서 시간이 약이라는 말이 나온 것 같다.

어느 작가는 죽어서 이별하는 것이 가장 슬픈 이유는 그 사람을 위해서 더 이상 무엇인가를 해줄 수 없다는 데 있다고 말한다. 좋은 일이든 나쁜 일이든 간에….

우리는 가까운 사람들은 떠나보내고 새로운 인연의 사람들을 맞이한다. 또 생게망게[38]한 일들이 우리를 영원한 이별의 고통으로 곤두박질치게 한다. 그들은 가끔 그리움의 너겁[39]이 되어 우리를 잦추[40] 찾아오기도 한다. 내 곁을 아주 일찌감치 떠난 어머니, 오랜 숙환 끝에 눈을 감으신 아버지, 두 분의 형과 매형, 형수! 이제 그들은 내가 무엇인가 해줄 수 없는 피안의 저쪽에 있다. 새알꼽재기[41]만도 그 무엇도 그들에게 해줄 수 없다. 너나들이[42] 하던 마음도 이제는 희미해져 가고 있다. 그렇지만 내 마음에 늘 머무는 존재들이다. 언젠가는 나도 그런 존재의 세계로 갈 것이다.

가끔 내가 어머니, 아버지를 위해 아무 것도 해드릴 수 없다는 것이 참으로 마음을 저미는 시간이 있다. 몇 푼 안 되는 용돈도 드릴 수 없다. 그 흔한 자장면 한 그릇, 어머니가 그리도 좋아하시던 장터국밥 한 그릇 대접할 수 없다. 다들 때마다 가는 온천구경 한 번 못해드리고 두 분은 지나간 시간 속에 물너울 되어 굽이친다.

하기야 입에 바른 소리인지도 모르겠다. 만약 살아 계신다면 잘해 드렸을까. 생게망게한 고집인지 모르겠다. 현대판 고려장(高麗葬)이 널려진 지금에…. 다 지나가는 시간 속에 있다.

이즈음 이런저런 이유로 자살하는 이들이 무척 늘고 있다. 더구나

38) 생게망게 : 하는 행동이나 말이 갑작스럽고 터무니없는 모양.
39) 너겁 : 괴어 있는 물에 함께 몰려서 떠 있는 지푸라기, 티끌 따위의 검불.
40) 잦추 : 잦거나 잰 상태.
41) 새알꼽재기 : 새알처럼 아주 작은 물건이나 분량을 비유적으로 이르는 말.
42) 너나들이 : 서로 너나 나니 하고 부르며 허물없이 말을 건네는 사이.

물귀신 같은 동반자살이 많다. 경제적 사정이 으뜸이고, 성적관계, 사업관계, 성격문제 등으로 하루에 1.5명꼴로 자살한다고 한다. 우리나라 기업을 대표하는 H그룹의 총수도 자살해 국민들에게 충격을 던져주고 있다. 오도 가도 못하는 막다른 골목에서 단 한 가지 선택한 탈출구가 자살인가 보다. 오죽했으면 자살을 했을까 하고 그 심정을 헤아려본들 제3자가 얼마나 그 마음들을 중뿔나게[43] 말할 수 있겠는가?

그나저나 그 유방암 환자의 말이 귓가에 맴돈다.

"아무리 기쁜 일도, 아무리 고통스런 일도 다 지나가는 시간들입니다."

나환자이며 두 눈까지 실명(失明)한 스텐리 스타인이라는 사람은 이렇게 말한다.

"나는 내가 잃어버린 것에 대하여 슬퍼하는 대신 아직도 남아있는 것을, 죽는 날까지 아낌없이 이용할 것입니다."

이제는 아무 것도 없다는 박탈감 속이라도 가만히 헤아려 보면 아직도 내게 남아있는 것이 많을 것 같다. 남겨진 육체, 남겨진 시간, 남겨진 재능들이 말이다.

하기야 말하기는 쉬워도 실천하기는 어렵고, 담기는 쉬워도 버리기는 더욱 어렵다. 버릴 것을 다 버려본다. 권위, 명예, 자존심, 그리고 욕심 등. 현재는 소유가치(所有價値)가 존재가치(存在價値)의 자리를 차지해버렸기 때문에, 또 그것이 목표이기 때문에 참으로 버리기 어렵다.

방송 대담에 72세의 문서배달 퀵서비스를 하는 할머니와 67세에 꽃배달 퀵서비스를 하는 할아버지가 나왔다. 그분들은 나이 땜에 주로 전철로 퀵서비스를 한다. 72세의 할머니는 간호장교 출신이고, 자식들

---

43) 중뿔나다 : 어떤 일에 관계없는 사람이 불쑥 참견하며 나서는 것이 주제넘다.

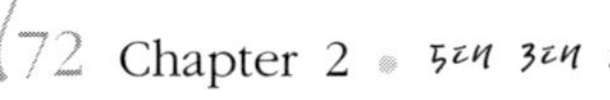

을 버젓하게 다 여의고 일선에서 퀵서비스로 좌충우돌이다. 67세의 퀵서비스 할아버지는 35년 간 가구점 주인이었고, 아들이 의사, 유명대학 총장이 동기동창이지만 용감무쌍하게 꽃배달의 선봉장(先鋒長)이다.

그들이 한결같이 한 말은 "마음을 비우고 정직하게 일하는 것"이라고 했다.

그들이야 말로 남아있는 시간, 몸, 능력 등을 아낌없이 이용하는 사람들이다. 마치 실버스타인의 동화 '아낌없이 주는 나무'처럼 말이다. 받는 존재보다는 주는 존재가 더욱 가치 있음을…. 그러나 소유물이 인격 위에 군림하는 이 시대의 징조에서는 참으로 주기 어렵다. 우리 사회에서 나이가 들었다는 것만으로 용도 폐기되는 현상을 이곳저곳에서 본다. 사오정(四五停), 오륙도(五六盜), 육이오(六二五)!

늘그막도 인생의 길벗(道伴)이다. 그것도 누구에게나 피하지 못하고 거쳐 가야 할 시간들이다.

남아있는 정신으로 지나가는 시간들을 어떻게 보내는가?

공자는 논어에서 애지 욕기생(愛之 欲其生)이라 했다. "누군가를 사랑한다는 것은 그 사람이 살게 하는 것이다." 사랑한다면 살게 해야 한다.

지나가는 시간들, 아직도 남은 시간, 몸, 재능, 일 등을 이용한다는 것, 누군가를 사랑한다는 것, 누군가를 살게 해야 하다는 것, 정직하게 마음을 비운다는 것, 그리고 아주 조금은 인간의 존재가치를 생각해본다는 것!

삶은 두루마리 화장지

인터넷에서 떠도는 '내가 이제야 깨달은 것'이라는 글에 이런 말이 나온다.

"삶은 두루마리 화장지와 같아서 끝으로 갈수록 빨리 사라진다는 것, 하느님도 여러 날 걸릴 일을 우리는 하루 걸려 하려 든다는 것."

세월이라는 시간은 절대성을 갖고 있지만 그 시간 속에 사는 사람들은 상대성을 갖게 마련이다. 어떤 때는 된통 빠르게 지나가지만 다른 때는 엄청 느리게 가기도 한다. 어떤 사람은 에스컬레이터에 서서 가지만 다른 사람은 거기서도 걸어가거나 뛰어가기도 한다. 빨리 가서 자기만의 시간을 더 여유롭게 가지려 하는 것인지, 그냥 덩달아 조급 강박증이라는 현대인의 문명의 속도병에 걸려 그런지는 아무도 모른다.

이쯤 되면 시간은 시, 분 단위가 아닌 초 단위 다툼의 시간대에 접어든 것이다. 하기야 시간을 돈으로 환산하는 시테크 시대에 접어들었으

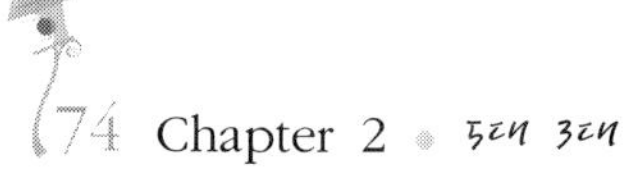

니 아니 그럴 수 없다. 요모조모 재기로 치면 세계적인 일본인들은 에스컬레이터에서도 걸어갈 사람들을 위해 한 편으로 줄서서 탄다고 한다. 그들의 배려나 질서의식이 식자들의 입에서는 자주 회자되기도 한다. 하지만 청산유수(靑山流水) 격인 나에게는 바둑판처럼 꽉 짜여져 살아가는 일본인들의 사회생활이 숨 막힐 것 같은 생각이 들기도 한다. 과연 서둘러 바쁜 것인가. 삶이라는 것이….

한국 뇌학회 회장은 '언어'는 여섯 살 이후 배워야 제대로 배울 수 있다고 한다. 그러나 우리 젊은 엄마들은 영어를 가르치지 않는 유치원에는 아이들을 아예 보내지를 않으려고 한다. 개념도 제대로 정리하지 못한 '세계화'라는 파도에 휩싸여 전 국민이 영어를 생활화나 하듯 무차별적으로 공략한다. 그것 또한 꼴뚜기가 뛰니 망둥이가 뛴다는 속도전에 급조된 산물이 될 뿐이다. 영어를 한 마디 뻥끗 못해도 이 나라 국민으로 잘 살아가고, 외국여행도 신나게 할 수 있다는 것을 간과하기 때문이다.

어느 위대한 국회의원의 입에서는 영어를 제2 국어로 채택하자는 발빠른 거룩한 발상이 나오기도 한다. 그런 논리라면 지금은 중국어 열풍이 활화산처럼 불붙고 있는데 제3 국어로 중국어를 해야 한다는 어줍지 않은 논리가 성립한다.

조기교육이라는 시간전(時間戰)의 열풍이 사방에서 분다. 빨리 키우고, 빨리 가르치려 든다. 아이들에게 각종 성장호르몬제 같은 영양제, 주사제의 진단 처방에 주저하지를 않는다. 남보다 앞서가는 타임머신에 앉혀 놓고 앞 시간대에 자식들을 갖다 놓으려고 안달복달을 한다. 그러나 촉망받던 영재소년이 포항공대에 조건부 입학을 했으나 중도하차했다는 소식이 들린다. 이처럼 하느님도 몇 날 며칠을 걸릴 일을 우리는 하루 걸려서 하려 든다.

자연은 다 때가 있다. 개중에 돌연변이들이 앞서 뛰지만 봄을 앞당겨 오게 할 수 없는 것이 시간의 진리이다.

생존전략처럼 되어 가고 있는 속전속결이 이 시대에 최고의 화두가 되고 있지만, 이제는 속도 조절과 과정의 중요성도 고개를 쳐들고 싹이 돋고 있다.

누군가 말했다. 인생의 속도는 자기 나이의 두 배쯤이라고.

이는 "삶은 두루마리 화장지와 같아서 끝으로 갈수록 빨리 사라진다는 것"이라는 말과 일맥상통한다.

한 통의 두루마리 인생이 화장지로 걸리면 어떤 사람은 많이 뽑아 쓰고, 어떤 이는 적게 뽑아 쓴다. 죽음도 삶의 일부분이며, 끝자락이라 하듯 많이 뽑아 쓰면 빨리 돌게 마련이다.

인생속도 공식대로 환산하면 내 인생의 속도는 시속 110㎞를 넘어서고 있다. 우리나라 고속도로에선 단속 대상이 되고 무인카메라에 찍히면 벌금 통지서가 고지될 시간속도에 진입했다. 두루마리 화장지처럼 빨리 돌고 있다. 그러니 좀 천천히 돌게 하려면 조금씩 잡아 당겨쓰는 수밖에 없다.

그렇게도 편리함이 날로 발전하는 데도 갈수록 우리는 생활이 바쁘다고만 한다. 에스컬레이터에서는 걸어가고 엘리베이터에서는 닫힘 버튼을 연신 눌러댄다. 전철에서도 좀 더 빨리 내리기 위해 열차 안에서 출구 가까운 쪽으로 걸어가 내린다.

허겁지겁, 헐레벌떡, 빨랑빨랑…, 앞차가 좀 굼뜨면 신경질적으로 클랙슨을 빵빵거리고, 미꾸라지 차선 바꾸기를 요리조리하지만 두루마리 화장지를 빨리 풀어쓰는 꼴이 아닐까 하는 생각이 든다. 그렇다고 인생 화장지를 두 통이나 배당 받는 것도 아닌데 말이다.

교실에 걸어 둔 어제 새로 낀 두루마리 화장지가 오늘 벌써 동났다. 아이들에게 서예도구들은 집에 가서 닦으라고 신신당부를 했다. 그러나 그들은 영악하고 잽싸게 두루마리 화장지를 드르르 풀어 다 닦았나 보다. 두루마리 화장지걸이에는 아무 쓸모없는 화장지 속통만 덩그렇게 남아있다.

큰일을 보고 난 후 물과 손으로 처리하는 인도인의 삶이 언뜻 거룩하다는 생각이 든다. 그들은 두루마리 화장지를 안 쓰기 때문에 삶의 속도를 물 흐르듯이 손으로 날마다 느낄 수 있으니 말이다.

행복의 초대

행복은 삶의 파편조각이다. 그 조각들은 멀리 떨어져 있는 것이 아니라 우리 주위에 흩어져 있다. 그것들은 하도 흔한 것이라 눈에 잘 띄지 않아서 그냥 지나치기 쉽다. 사람들은 더 높은 곳에서, 더 깊은 곳에서 행복의 편린들을 찾으려고 애쓰고 있다. 더 비싸고 고가인 행복을 찾으려고 눈에 불을 밝히고 있다. 아마 행복도 명품 행복을 찾으려 하는가 보다.

그러나 행복은 파랑새 같은 것이다. 나의 행복초롱에 파랑새가 들어왔다가 어느 날 살그머니 날아가 버리고 만다. 이렇듯 행복은 담기만 해서는 안 된다. 남을 위해 자기 행복을 나눌 줄도 알고 버릴 줄도 알아야 한다.

행복은 안개와 같은 것이다. 안개처럼 나의 마음에 살포시 끼었다가 햇빛만 나면 바람처럼 사라지고 만다. 행복은 그저 잠시 스쳐 지나가는 시원한 바람이다.

행복은 무엇인가 여러 가지 사물이나 사상을 잔뜩 쟁여 놓은 집에는 잘 찾아오지 않는다. 너무나 꽉 차서 행복이 들어앉을 자리가 없기 때문이다. 버릴 것은 버려야 행복이 들어와서 그 편린들은 조각 맞추기를 할 것이다.

아주 더운, 갈증 나는 여름에 시원한 냉수 한 잔을 가지고 행복해하는 사람이 있는가 하면 불행하다고 생각하는 사람도 있다. 책을 읽다가 마음에 와 닿는 글귀를 발견하면 행복에 겨워하는 사람도 있다.

이렇게 행복은 마음이 좌지우지한다. 마음에 달렸다. 일체유심조(一切唯心造)이다.

어떤 사람은 자신의 행복을 발견하지 못하고 타인의 행복을 부러워하거나 시기하기도 한다. 심지어는 자기 행복을 위해 타인을 불행하게 한다. 그것은 행복이 아니라 행복을 빙자한 탐욕이다.

너무 빠른 속도에서는 행복을 발견할 수 없다. 행복은 덩어리가 아니라 조각이기 때문이다. 우리들은 흩어진 행복의 조각들을 찾아 조각 맞추기를 한다. 자기의 행복이란 퍼즐 판에다 조각 맞추기를 한다. 빠른 속도에서는 행복이라는 간이역을 지나치기 쉽다.

속도감과 물질이 능력으로 치부되는 현세에서는 행복의 조각들을 찾기란 거의 불가능하다. 그들은 행복을 찾기 위해 작은 역이나 간이역에서는 정차하지 않기 때문이다.

우리가 모르고 그냥 지나쳤던 행복들은 다시 찾아서 조각 맞추기를 할 수 없다. 인생이란 일방통행이기 때문이다. 역주행할 수 없다.

행복은 커다란 행복, 작은 행복이 따로 없다. 이것은 물체처럼 형체로 남아있는 것이 아니다. 행복은 형이하학적인 것이 아니라 형이상학적인 것이다. 행복은 따로 보관해둘 수 없다. 마치 무지개와 같은 것, 한 번 떴다가 사라져 버리는 것이다.

행복은 절대성이 아니라 상대성이다. 객관성이 아니라 주관성이다.

나물 먹고 물을 마시고 팔을 베고 누워도 행복한 사람이 있는가 하면 미다스 임금처럼 온통 황금으로 변형시켜도 불행한 사람이 있기 마련이다.

행복은 놓치기 쉽지만 불행은 끈질기게 달라붙는다. 행복과 불행은 동전의 양면과 같다. 어느 날 나의 고통이 행복으로 변하고, 어느 날 나의 행복이 고통으로 변하기도 한다. 그래서 행복은 새옹지마와 같다.

행복은 우리가 가진 심적, 신체적, 물적인 것들을 덜어내야 우리 곁으로 다가온다. 무엇이 꽉 찬 우리 곁에는 행복이 다가서지 않고 서성거릴 뿐이다.

행복은 강제로 잡거나 잡히는 것이 아니다. 그런 것은 진정한 행복이 아니기 때문이다. 갑자기 찾아온 행운(幸運)은 우리를 행복하게 해주지 못한다. 통계상, 대박 복권에 당첨되어 행운을 거머쥔 사람들의 60~70%는 행복하지 못했다고 한다.

우리는 행운의 네 잎 클로버를 찾기 위해 행복이라는 세 잎 클로버를 짓밟거나 지나친다. 우리는 행운 때문에 진정한 행복을 잃기도 한다.

행복은 진정한 사랑처럼 눈에 보이지 않는다. 마음으로 보는 것이리라. 행복은 특별한 곳에 있지 않다. 또 특출한 것도 아니다. 일상생활 곳곳에 숨겨져 있다. 다만 우리가 다른 것에 마음이 팔려서 발견하지 못하는 것이다.

아름다운 무지개는, 더구나 쌍무지개는 보는 것만으로도 행복하다. 그러나 일생 동안 그 아름다운 무지개를 보지 못하는 사람도 많다.

행복은 보물찾기와 비슷하다. 행복은 바위틈에, 나무옹이 속에도, 풀숲에도 숨어있다. 다만 우리는 그 행복을 찾지 못하기 때문이다. 행복은 일상적인 어느 곳에도 숨겨져 있는 보물이다. 그것은 너무나 흔하고 하찮은 것인지도 모른다. 그렇기 때문에 산삼을 보고서 그냥 지나치듯 우리들은 행복을 눈앞에 두고도 찾지 못한다.

세상의 모든 행복은 신기루와 같다. 물을 찾아 헤매는 사막의 방랑자가 보는 오아시스 신기루, 그것은 환영이 되어 무지개처럼 사라진다.

젊었을 때의 행복은 주로 감각적이지만 나이가 들수록 고통 뒤의 행복이 진정한 행복임을 깨닫는다. 몇 날 며칠을 극심한 속병에 긍매던[44] 나는 그 고통에서 벗어나는 조짐이 느껴질 때, 혹은 마음 깊숙이와 닿는 글귀를 발견했을 때….

어떤 이는 행복할 자격이 있다고 한다. 어떤 이는 수십억 원을 가지고도 행복하지 못해 더 가지려고 안달인데, 어떤 소녀 가장은 4,750원만 있으면 행복하겠다고 말한다. 동생과 함께 어린이 대공원에 가서 아이스크림 사먹고 놀이기구 바이킹도 타보고 하면 행복하겠다고 한다.

언젠가는 커다란 고통을 겪고 난 후 내 일상적인 작고 하찮은 것들이 얼마나 큰 행복이었던가를 깨닫게 될 때 진정한 행복이 깃들 것이다. '행복'이라는 것은 틀림없이 이 세상에 존재하고 있다는 사실이 어찌 보면 나를 행복하게 만든다.

지금의 불행이 다음 행복의 빌미가 될 수 있다. 또 지금의 행복이 불행의 씨앗이 될 수 있다는 사실을 잊지 말자. 그래서 인생은 새옹지마라 하지 않던가.

스위스의 한 노인이 75년 동안 삶의 시간들을 쓰임새에 따라 분류하여 보았다. 그 중에 가장 행복하였던 시간은 고작 48시간(2일)이었다고 한다.

행복은 저절로 오는 것이 아니라 행복하기 위해 자기 노력이 필요하다.

---

44) 긍매던 : 쩔쩔매던

바위 위의 저 소나무

아주 오랜만에 꽤 높은 산에 오른다. 그야 중간쯤은 케이블카로 올랐으니 제대로 산에 오른 것은 아니다. 누가 그랬다. 정상에 올라가 '야호!' 하는 것보다는 그 산에 올라갈 때가 더 행복하고 값진 도정(道程)이라고.

정상에 올라가니 산세는 남서쪽으로 어슷하게 물결치며 굽이치고 있다. 산줄기 사이사이에는 논밭과 마을들이 고즈넉이 자리 잡고 있다.

이 산줄기의 물결을 연어처럼 거슬러 헤쳐 올라가면 백두대간(白頭大幹)의 등심대인 태백산맥(太白山脈)에 닿을 것이다. 태백산맥에서 본령(本嶺)을 좇아 북으로 올라가면 백두대간의 머리인 장백산맥에 도달하리. 거기에 있는 우리 민족의 영산이며 발원지인 백두산이 눈앞에 보이는 듯하다.

백두대간의 산허리들이 개발이라는 미명하(美名下)에 뭉텅뭉텅 잘려지고 파헤쳐지고 있다. 도처에 그렇게 된 줄기들이 45%가 넘는다고 한다. 골프장, 채석장, 레저타운, 스키장, 야영장 등. 더구나 지방자치시대에 접어들어서면서 세수 증대를 위한 마구잡이식 개발에 백두대간이 극심한 디스크를 앓고 있다.

당장 목전의 편리함이나 이익, 안락함 때문에 내일을 모르는 하루살이처럼 사방이 뭉개지고 잘려지고 파헤쳐지고 있다. 도처가 그렇다. 어디 그것뿐인가? 숱한 등산객과 환락객의 발길은 도처를 오염시키고 나무뿌리까지 드러내놓게 하고 있다.

좀 불편하더라도 조금은 돌아가더라도, 얼마쯤 시간이 걸리더라도 앞을 내다보는 안목(眼目)이 참으로 아쉽다.

탁 트인 앞을 내다보니, 인간의 역사보다 까마득하게 앞서 자연의 역사가 숨쉬고 있다. 산줄기와 나무와 풀과 강과 평야, 그 사이를 휘돌아가는 비바람과 태양, 산중턱에 걸린 흰 구름과 골을 메운 안개, 대지의 어머니인 물줄기와 인간의 영원한 본향(本鄕)인 흙과 그 사이에 땅속과 땅 위와 하늘에서 숨쉬는 벌레와 짐승들의 세상이 펼쳐진다.

다문다문 앉은 마을은 어찌 보면 이 대자연에서 한 자락에 불과하다. 그야 그 속의 인간들은 한 점의 모래알 같은 존재이다.

그 한 점 모래알 같은 인간은, 그 자신을 껴안고 보듬는 산세(山勢)와 수세(水勢)의 기(氣)마저도 뒤틀리게 하고 있다. 마치 요즈음 문전성시를 이루며, 마구잡이로 뜯어고치는 성형수술과 무엇이 다르랴. 그러나 성형수술은 뒷마무리나 잘 하지만 백두대간 곳곳은 마구 헤쳐 놓고 그나마 복원해 놓은 곳도 눈 가리고 아웅 한 곳들이 부지기수이다.

한 번 훼손된 자연이 본래대로 생태계를 복원시키려면 1세기는 족히 걸린다고 한다.

내일을 모르고 오늘만 사는 우리들이 근시안, 아니 난시안의 그 재앙이 결국 우리 자손에게 부메랑이 되어 반드시 되돌아올 것이다.

대자연은 될 수 있으면 자연 그대로 놔두어야 한다. 자연의 순환 고리가 끊기면 숨통이 멎고 썩게 마련이다. 그 증거로 시화호, 새만금 간척지 등에서 우리는 족히 알고 거슬러 받고 있다.

산꼭대기에서 내려다보니 바로 밑은 바위들이 병풍으로 둘러싸인 듯한 바위산이다. 지구가 생성되면서 견디어온 풍우성상(風雨星霜)의 거대한 바위들이 숱한 세월을 말해주고 있다. 침묵으로 그들은 인간들의 갖은 경거망동(輕擧妄動)을 꾸짖는 것 같다.

그 바위 위에는 내 키만 한 소나무가 몇 그루 서 있다. 흙 한 덩이 보이지 않는 바위 위에 뿌리내린 저 소나무는 생명의 신비라고 할 수밖에 없다. 솔씨 몇 개 날아와 맨바닥의 바위 위에 자리 잡고 뿌리내려 저런 소나무가 되기란 숱한 인고(忍苦)의 세월을 보듬었음을 짐작하고도 남게 한다.

실 줄기 같은 바위틈만 있으면 뿌리를 헤집고 내려 생존하기 위한 처절한 싸움이 벌어졌을 것이다. 산꼭대기의 비바람은 오죽했겠으며 뜨거운 태양 아래 갈증 또한 오죽했겠는가. 몸은 이리 틀리고 저리 뒤틀리고 될 수 있으면 작게 키우려고 발버둥을 쳤을 것이다. 몸보다 뿌리를 더 튼실하게 키웠다. 뿌리들은 우악스런 손아귀처럼 바위 틈새를 비집고 내린 강인함 그 자체이다. 시쳇말로 죽기 아니면 까무러치기이다.

마치 자연 속의 분재이다. 나는 고고한 나이의 분재를 보면 감탄사보다는 인간이 잔인한 존재임을 실감케 한다. 생나무를 자르고 구부리고 비틀고, 그것도 모자라 철사로 칭칭 동여 감고…. 어찌 보면 여러 가지 동물을 인간이 길들여 재주부리게 하는 것과 무엇이 다르랴.

바위 소나무는 키는 비록 작지만 몇 백 년의 세월을 이겨온 이 자연의 산 증인이다. 마치 산전수전(山戰水戰) 다 겪은 허리 굽은 노옹(老

翁)의 모습을 보는 것 같다. 바로 대자연의 분재(盆栽)인 것이다.

우리 조상들의 슬기를 엿보게 한다. 도처가 자연이라 화병이 필요 없다는 철학이. 그래서 그런지 우리나라 도자기 문화재 중에 화병이 별로 없다고 한다. 나가보면 다 화병 속에 담긴 정원이기 때문이란다.

로키산맥에는 나무가 살 수 없는 수목한계선(樹木限界線)에서 자라는 나무가 있다. 그 나무는 살아남기 위해 누워서 자란다. 그렇게 자란 나무가 명품 바이올린을 만드는 최고의 재료가 된다. 바이올린의 생명인 공명(共鳴)이 아주 잘 되기 때문이다. 누군가 말했다. 진정한 행복은 고통 뒤에 온다고.

늦가을의 노을이 스며들기 시작한다. 산 속의 자연들은 잠자리를 준비한다. 새들은 나무로 깃들고, 숲은 어둠을 껴안고, 소란스럽던 케이블카와 인간들의 소리도 잦아들 것이다. 나도 저 소나무와 작별해야 한다. 잠깐 벗어났던 사바세계(裟婆世界)로 다시 되돌아가야 한다.

"나물 먹고 물 마시고 팔을 베고 누웠으니, 청산리 벽계수야 수이감을 자랑 마라" 했던 조상들의 자연관을 어렴풋이나마 깨닫게 된다.

다시 속도전에 진입해야 한다. 집에 돌아가기 위해 차가 당장 최고 속도를 내야 한다. 엄청 막힐 것이다.

생년불만백(生年不滿百) 상회천세우(常懷千歲憂)라 하듯, 백년도 살지 못하면서 천년 살 것을 걱정하는 나의 존재로 환원된다.

강산만고주(江山萬古主) 인물백년빈(人物百年賓)인데 어찌 인간들이 만고의 주인을 희롱하는가?

인법지(人法地) 지법천(地法天) 천법도(天法道) 도법자연(道法自然)이라 하여, "사람은 땅의 법칙을 본받고, 땅은 하늘의 법칙을 본받으며, 하늘은 길의 법칙을 본받고, 길은 자연의 법칙을 본 받는다"라 했으니,

바로 인간의 참된 길은 자연에 있음이다.

언뜻, 일본의 어느 큰절에 갔을 때가 생각난다. 워낙 유명한 절이라 무수히 관광버스가 드나드는 곳이다. 절 입구에 들어가는 차도가 2차선에서 갑자기 1차선으로 줄어들었다. 한 차선에는 아주 오래된 몇 백 년이나 묵었을 거대한 고목이 자리 잡고 있었다. 그들은 그 고목을 보호하기 위하여 차선을 갑자기 줄여 놓았다. 그것 때문에 차들은 막히고 서행하고 있었다. 일본인의 자연 사랑과 보호에 깊은 감명을 받았다.

아마 우리나라 같았으면 교통의 원활한 소통을 위해 베어내는 것을 골백번도 더 했을 것이다.

썩어야 될 것과 썩지 않아야 할 것

한국인에 대한 풍자 중에 이런 이야기가 있다. 한국인은 죽은 다음에도 잘 썩지 않을 것이라는 것이다.

왜냐하면, 한국 사람은 방부제가 들어간 음식을 너무나 많이 먹어서 썩지 않을 것이며, 게다가 고단위 항생제를 너무 과다 복용하기 때문에 박테리아가 덤비지 못해 썩지 않을 것이고, 그것도 못 미더워 남자들은 알코올로 육신을 미리 절여 놓았기 때문이라는 것이다. 어디 그뿐이랴, 한국 사람은 어려서부터 너무나 담배를 피워 이승에서 담배 연기로 훈제시켜 놓았기 때문에 잘 썩지 않을 것이다.

그런데 이런 이야기들이 풍자로만 끝나지 않는다는 사실을 귀동냥으로 듣게 된다. 성당 연령회[45](煉靈會)라는 단체에서 장례절차를 봉사하는 분들의 말을 들어보면 갈수록 시체의 썩는 속도가 느려진다는 것이다. 그분들이 염(殮)을 하다보면 옛날 여름 시체는 추깃물[46] 때문에

45) 연령회(煉靈會) : 신자 집에 초상이 났을 때 염(殮)을 비롯하여 장례절차를 봉사해주는 성당의 봉사단체.

46) 추깃물 : 송장이 썩어서 흐르는 물.

애를 먹었는데 이즈음은 그런 경우가 드물어진다는 것이다. 또 이장(移葬) 현장에 가보아도 시신이 잘 썩지 않는 경우가 많다는 것이다.

시골 수련원에서 있었던 일이다. 도시에서 온 수련생들이 밭고랑에다 대변을 보면 밭주인이 크게 나무란다는 것이다. 우리는 거름을 주어서 좋은 줄 알았는데 그 농부의 말에 의하면 도시 아이들의 생똥은 잘 썩지 않는다는 것이다. 시골 아이들의 똥처럼 잘 썩지 않으면 거름이 될 수 없기 때문이다.

잘 썩지 않는다는 것은 환경 순환의 변고(變故)이다. 썩지 않는다는 것은 분해자(分解者)들이 역할을 제대로 할 수 없다는 증거이다. 자연 생태계의 3대 요소는 생산자(生産者), 소비자(消費者), 분해자(分解者)임은 우리가 너무나 잘 아는 사실이다. 모든 생물이 죽어서 썩어 다시 자연의 생태계로 순환되고 환원될 수 없다는 것은 순환 고리의 단절을 의미한다.

하기야 요즈음은 썩어야 할 것은 썩지 않고, 썩지 말아야 할 것은 썩는 것이 문제이다. 잘 썩어야 할 육신은 잘 썩지 않고, 썩지 말아야 할 마음은 날로 썩어 가고 있다. 우리의 마음에 도사린 돈과 권력, 명예와 쾌락에 의해 썩다 못해 문드러져 가고 있다. 그 썩은 냄새는 도처에서 한 여름철의 추깃물처럼 흘러나온다. 양심의 마지막 보루라는 교육계도 종교계도 물욕과 권력욕과 명예욕으로 썩어가고 있다.

많고 크고 거대하고 빠름의 블랙홀이 우리네 마음에 휘몰아치고 있다. 끝이 없는 물질에 대한 욕심은 이제 하나의 물신이 되어 거대한 우상으로 군림한다. 바벨탑처럼 쌓아져 간다고 해도 과언이 아니다.

당장 시급한 것은 마음의 성형인데, 육신의 성형은 날로 번창한다. 마음짱보다는 돈짱, 얼짱, 몸짱이 이 시대의 우상으로 군림한다. 어떤 아줌마는 몸짱을 만들기 위해서 하루의 4분의 1을 투자하기도 한다.

아무리 장수의 꿈으로 발버둥을 쳐도 종내는 썩어질 육신의 보신을 위해서는 청탁을 가리지 않는다. 마치 굶주린 하이에나처럼 달려들어 몸에 좋다면 물불을 가리지 않는다. 살아있는 곰의 쓸개에다 빨대를 박고 빨아대는 기행도 주저하지 않는다.

인간의 존재 가치는 소유 가치 앞에 주눅이 든 지 이미 오래이다. 또 가치관 자체가 이즈음의 우리 사회를 풍자하는 사자성어처럼 오리무중(五里霧中)이다.

자연 생태계는 오염과 공해와 남용으로 찌들대로 찌들어 비명을 지르고, 인간 생태계도 경고등이 켜진 지 오래이다. 인간 생태계의 생산자 · 소비자 · 분해자는 육신의 생산에만 신경을 쓰고 마음의 생산은 등한시한다. 육신의 분해자는 날로 번창하지만 마음의 분해자는 설 자리를 잃어가고 있다.

어찌 보면 자연의 생태계가 결국 모든 것을 무로 환원시키듯 인간의 생태계도 무로 돌리는 것이 가장 바람직한 순환이다. 결국 이 세상을 하직할 때는 아무 것도 가져갈 수 없는, 다 돌려주고 가야 하는 무(無)의 존재이다.

자연 생태계든 인간 생태계든 생산자 · 소비자 · 분해자의 연결고리가 떨어져 나가고 있다. 이제 인간의 생태계도 생산자 · 소비자 · 분해자의 역할이 제대로 돌아가야 하지 않을까.

물이 흘러야 물이 살 듯 항상 유(有)에서 무(無)로 자신의 잔을 비우는 내가 되어 보는 것이 분해 된 순환의 내 마음일 것이다.

콩 이야기

콩은 옛날부터 우리의 음식 문화와 밀접한 관계를 맺어왔다. 오늘날도 우리는 콩을 이용한 음식을 먹지 않는 날이 없을 정도이다. 한 집안의 홍망성쇠를 장맛으로 가늠할 정도로 우리 식생활과 떼려야 뗄 수 없는 민족의 먹을거리로 자리 매김을 하고 있다.

콩을 이용한 음식은 고추장, 된장, 간장 등의 장류(醬類)를 비롯하여, 두부, 두유, 유부 등의 가공식품과 콩나물, 콩자반, 콩밥 등의 조리 식품으로 하루도 거르지 않고 먹는다 해도 지나친 말은 아닐 것이다. 오죽 했으면 죄지은 사람들이 가는 교도소에 가면 '콩밥을 먹는다'라고 했고, 또 거기서 나오면 액땜으로 두부를 먹일 정도였을까.

조선시대 실학자 이익(利益)은 그의 저서 성호새설(星糊塞說)에서 우리 민족을 '대두박민족(大豆粕民族)'이라 했을 정도로 예로부터 콩을 즐겨하던 민족이었다.

영양학적으로 볼 때에도 콩은 '밭에서 나는 쇠고기'라고 할 정도로 우리들에겐 단백질의 주요 공급원이었다. 대체로 쇠고기 100g 중에 단백질이 20g이라면 콩 100g 중에 단백질 함유량은 무려 40g이나 된다.

그래서 두부 반모(250g)를 먹어도 쇠고기 100g을 먹는 것과 같은 단백질을 섭취할 수 있는 것이다.

또한 콩에는 단백질을 비롯하여 탄수화물, 지방의 3대 영양소와 비타민, 칼슘, 인 등의 무기질을 고루 갖추고 있어 한국인의 건강한 삶을 지켜주는 대표적인 먹을거리이다.

우리 민족이 가꾸던 콩 종류도 다양했다. 대표적인 흰콩과 검정콩을 비롯하여 밤콩, 대추콩, 콩나물콩, 쥐눈이콩 등을 심었고, 콩의 사촌격인 팥과 동부도 주요 작물이었다.

"콩밭 매는 아낙네야~"라는 유행가 가사가 있을 정도이며, 우리 정서 속으로 파고들어 자주 불려지는 노래이기도 하다.

또한 콩의 약효가 최근 선진국에서 연구·인정되어 많이 이용하고 있는 추세이다. 콩의 항암 효과, 골다공증 예방, 당뇨 억제, 고혈압 예방, 콜레스테롤 감소, 심장병 예방, 노화 방지, 비만 방지 등 '약제의 왕'으로 그 효능을 인정받고 있다. 또한 건강식품으로도 식초 콩을 비롯하여 여러 가지로 연구가 되고 있는 실정이다.

우리 생활과 밀접한 관계 속의 우리 콩이 경제 우선주의와 작물 환금성에 밀려 수입 콩이 득세하다가 급기야는 유전자변형 콩(GMO)이 우리 식생활에 파고들기 시작했다. 신토불이(身土不二)라는 말이 무색할 정도이다.

우리 기본 생활인 의식주(衣食住) 중에서 가장 중요한 것은 뭐니 뭐니 해도 음식이 아닐 수 없다. 이런 음식에 횟가루 섞은 두부를 비롯하여 농약과 비료를 준 콩나물이 우리 식탁 언저리를 떠나지 않는다. 신토불이가 시쳇말로 우리나라 먹을거리 집안이 콩가루 집안이 되고 있는 실정이다.

숙취 다음 날 아침에 움파를 그득 넣고서 끓인 콩나물 해장국, 여름철 별미 중의 별미인 시원한 콩국수, 겨울철의 맛 구수한 콩죽이 우리 입맛을 다시게 한다. 콩가루에 굴린 노글노글한 인절미나 검정콩이 드문드문 박힌 곱슬곱슬한 콩밥과 누룽지, 야들야들하게 두부를 썰어 넣고 보글보글 뚝배기에다 끓인 된장찌개, 삼겹살 수육에다 생두부 얹고 배추김치 덮어 베어 무는 그 맛, 꼼지락거리는 생바지락 넣고 바글바글 끓인 얼큰한 순두부찌개 등은 다 콩을 이용한 우리들이 즐기는 기호식품(嗜好食品)이다. 호박고지에다 검정콩 넣고 만든 콩버무리는 또 어떠한가.

이러한 콩 단백질 중심의 식문화는 우리 조상으로 하여금 '콩 세 알 교훈'이라는 자연과의 상생문화(相生文化)를 탄생시켰다. 콩을 심을 적에 한 구덩이에 세 알을 심는데 한 알은 하늘의 새를 위해서, 한 알은 땅 속의 벌레들을 위해서, 나머지 한 알은 사람을 위해서 심는다는 것이다. 이는 하늘과 땅과 인간이 조화된 삶을 사는 천지인(天地人)의 자연과의 생명 존중 상생철학(相生哲學)이다. 또한 '콩 한 쪽도 나누 어먹자'라는 우리 민족의 인보정신(隣保精神)도 어찌 보면 콩에서 비롯된 것이 아닐까 한다.

요즈음 우리나라 사회가 콩켸팥켸하고[47]콩팔칠팔[48]하는 것도 우리 콩을 많이 먹지 않고 수입 콩이나 유전자변형 콩을 많이 먹어서 그렇게 심성들이 변형(變形)된 것이 아닌가 한다.

콩으로 메주를 쑨다고 해도 곧이듣지 않는 작금의 우리 사회가 콩을 팥이라 해도 곧이듣는 사회가 되려면 콩 심은 데 콩 나고 팥 심은 데

47) 콩켸팥켸 : 사물이 마구 뒤섞여 뒤죽박죽 된 것을 가리킴.
48) 콩팔칠팔 : 갈피를 잡을 수 없어 함부로 지껄이는 모양.

팥이 나는 사회가 우선 되어야 한다. 원인과 결과는 언제나 서로 따르는 것인데 전혀 동떨어진 특출한 일들이 다반사(茶飯事)로 콩 튀듯 팥 튀듯 하는 것을 보면 우리 콩 심성을 가진 평상심(平常心)으로 돌아가야 할 것이다.

그래서 우리 콩을 많이 먹어서 콩과 같이 땡글땡글하고 서로 상생하는 생명관을 가진 민족으로, 그 심성(心性)으로 돌아갔으면 한다.

그나저나 걱정이다. 콩 값이 천정부지로 뛰고 있다니 말이다.

나는 천 원짜리 돈이로소이다

나는 돈입니다. 엊그제 갓 태어난 빳빳한 천 원짜리 종이돈입니다.

나도 처음 태어날 때는 어린애처럼 깨끗하고 풋풋하고 빳빳하고 명징(明澄)하게 태어났지만 나이를 먹을수록 더러워지고 꾸겨지고 후줄근해지고 후둘부둘해지고 찢어지고 세균도 득시글득시글합니다.

나를 태어나게 한 것은 사람이지만 사람들은 나를 목숨을 걸고 좋아한다고 해도 지나친 말은 아닌 것 같습니다. 이 세상에서 나를 미치도록 좋아하는 유일한 존재는 사람뿐입니다. 돼지나 개에게 아무리 나를 던져주어도 거들떠보지도 않습니다.

나에게도 형제들과 친구들이 있습니다. 나의 동생은 10원, 50원, 100원, 500원짜리 동전이고, 형들은 5,000원, 10,000원짜리 지폐입니다. 이젠 얼마 있으면 100,000원 짜리 대형도 생긴다 합니다. 친구들은 달러, 엔, 마르크, 프랑 등 무척 많습니다. 그 중에서 제일 잘 나가는 친구가 달러입니다. 세계 어디서나 볼 수 있고 끗발이 억세게 좋은 친구입니다. 이 친구가 기침만 해도 시원찮은 나라 돈친구들은 감기나 독감이 걸릴 정도입니다. 물론 왕따를 당하는 친구들도 있습니다. 다른 나라에서는 명함도 못 내미는 친구들도 허다합니다. 그래서 그런지 나는 달러라는 친구하고는 잽도 안 됩니다. 나 1,000원 하고 달러 1원 하고 맞먹습니다. 그러니 달러 앞에서는 고개 숙인 돈이 되고 맙니다.

사람들은 나를 위해 살고 나를 위해 죽는다고 해도 과언이 아닙니다. 나는 사람으로 인해 태어났지만 지금은 어불성설(語不成說)이고 주객전도(主客顚倒)가 되었습니다. 사람들은 나를 갖기 위해 밤이고 낮이고 불철주야(不撤晝夜) 거리로 쏘다녀야 합니다. 돈벼락 대박의 미망(迷妄)의 꿈을 꾸며 복권을 줄줄이 사기도 합니다.

한때 '친구'라는 한국 영화가 대박을 터뜨렸습니다. 의리에 살고 의리에 죽는다고 하는 폼생폼사(폼生폼死)라고 복고풍(復古風)이지만 지금은 돈에 살고 돈에 죽는 전생전사(錢生錢死) 시대입니다.

나는 죽어 가는 생명을 살릴 수도 있고 지은 죄도 나 때문에 유야무야(有耶無耶)되는 경우도 비일비재(非一非再)합니다. 그래서 무전유죄(無錢有罪) 유전무죄(有錢無罪)라는 말들이 현실적으로 증명되며 횡행합니다. 교도소 안에서도 나만 있으면 거금으로 담배를 사 피울 수도 있습니다. 나에 대한 신화는 이렇게 자꾸만 창조되고 있습니다.

남녀노소(男女老少) 누구나 나를 으뜸으로 좋아합니다. 태어나서 돌잔칫상에서 집어 보게 하는 것도 나이고, 죽어서도 마지막 노잣돈으로 넣어주는 것도 나입니다. 나는 무소불능(無所不能)의 권력과 명예를 창출하기도 합니다. 그러나 나를 너무 좋아해서 나락(奈落)으로 떨어지는 경우도 있습니다. 심지어는 최고의 명예자리인 일국(一國)의 대통령까지도 천문학적인 숫자에 허겁지겁 무릎을 꿇고, 지성의 최후 보루(堡壘)라는 대학 교수까지도 내 앞에서 헐레벌떡합니다.

나는 멀쩡한 젊은이들을 디스크환자로 둔갑(遁甲)시켜 군대를 안 가게도 하고, 고의(故意)로 부도를 내고 불쌍한 노동자들을 하루아침에 거리로 내몰기도 합니다. 생명이 풍전등화(風前燈火) 같은 환자도 내가 없으면 문전박대(門前薄待)해서 내동댕이쳐지기도 합니다. 부실공사(不實工事)인 아가씨를 이리 뜯어고치고 저리 뜯어고치는 개축공사(改築工事)를 거쳐서 최고의 미인으로 둔갑시키는 것도 아마 나일 것입니다.

나를 더 가지려고 거대한 백화점이 폭삭하기도 하고, 돈 받으려고 비상구를 막아 멀쩡한 젊은이들이 타 죽기도 합니다.

나는 다른 별호(別號)도 많습니다. 뇌물(賂物), 촌지(寸志), 떡고물, 비자금(秘資金) 등. 어떤 유명한 정치꾼은 수십억 원의 나를 꿀꺽 하고서도 그까짓 떡고물 좀 집어먹기로서니 왜 그리 야단이냐고 되레 큰소리를 쳤습니다. 하여간에 나 때문에 적반하장(賊反荷杖)도 유분수(有分手)입니다. 내로라하는 대기업이 비자금 때문에 개망신 당하고 있습니다.

나 때문에 속담도 많이 생겨났습니다. "돈이 있으면 귀신도 심부름을 시킬 수 있다, 돈 놓고 돈 먹기다, 싼 게 비지떡이다, 돈은 돌고 도는 것이다, 돈이 원수다" 등등.

돈이 돈을 먹기도 하고, 돈이 사람을 먹기도 합니다. 그래서 사람이 돈을 먹다가, 돈이 돈을 먹고, 나중에는 돈이 사람을 먹는 것 같습니다. 인탄전(人呑錢), 전탄전(錢呑錢), 전탄인(錢呑人).

다들 나를 좋아하지만 나보다 아더메치유한 것은 없는 것 같습니다. 아니꼽고 더럽고 메스껍고 치사하고 유치한 것 말입니다. 쇠푼이나 있는 졸부졸귀(猝富猝貴)들이 거들먹거리는 모습도 다 그렇습니다. 쥐꼬리 만하게 나를 내놓고 사진은 연신 찍어댑니다. 나 때문에 자식이 부모를 패고, 형제지간에 불목(不睦)하고, 부부가 명퇴이혼(名退離婚)하고, 원조교제(援助交際)도 할 수 있습니다. 그래서 돈이 원수라는 말이 태어난 것 같습니다.

나는 사람과 살다가 사람과 함께 죽습니다. 사람이 있는 곳에 내가 있고, 내가 있는 곳에 사람이 있습니다.

나도 집이 엄연히 있습니다. 조그만 동전지갑도 내 집이고, 여자의 핸드백, 지갑이나 호주머니, 작은 금고나 은행의 대형금고까지 내 집입니다. 심지어는 독재자들의 검은 돈을 보관하는 스위스의 비밀금고도 다 나의 집입니다. 또 정겹고 비밀스런 할머니 속곳의 비밀주머니도 나의 집인 셈입니다. 어떤 곳에서는 나를 위해 인간들이 24시간 삼엄한 경비를 섭니다. 어찌 보면 VIP인 셈입니다. 내가 사람보다 더 대접을 잘 받고 있으며, 대접을 못 받을 이유가 존재하지를 않습니다. 사람 나고 돈 난 것이 아니라, 돈 나고 사람 난 셈입니다. 대개의 사람들이 나를 얻기 위해서 동분서주(東奔西走) 불철주야(不撤晝夜) 밖으로 쏘다닙니다.

나에게는 좋은 별명이 무수히 많습니다. 축하금, 의연금, 조의금, 기부금, 수십 년 동안 삯바느질하여 애면글면 내놓은 장학금이 있습니다. 나환자들을 위해 한 달에 단돈 1,000원을 꼬박꼬박 보내는 할머니의 기부금도 있고, 사랑의 전화 모금에서 백혈병 어린이를 위해서 돌리는 700국 한 통의 전화기부금 등이 있습니다. 그러나 나에게는 좋지 않은 별명들도 많습니다. 뇌물, 비자금, 촌지, 횡령금, 조세포탈금, 벌금, 통치자금, 노름돈, 로비자금, 뒷돈, 구린 돈 등.

수백억 원의 통치자금을 꿀꺽하고도 고개를 코브라처럼 빳빳이 들고 다니는 대통령도 결국 아직도 나의 위력을 지니고 있기 때문입니다.

수십억 원을 콩고물이라고 눈 하나 깜빡이지 않고 대드는 정치가도 있고, 회사는 망해도 재산을 다 빼돌린 사업주도 버젓이 활보합니다. 그런 반면, 단돈 십여만 원을 뇌물로 받았다 하여 목이 잘린 공무원도 있고, 딸아이의 수학여행비를 마련하기 위해 애쓰다 유치장에서 회한의 눈물을 짓는 노숙자도 있습니다.

하룻밤에 수백만의 술값으로 나를 물 쓰듯이 하는 부유층 자녀도 있고, 쪼그만 차가 비싼 수입차 앞에서 까분다고 벽돌로 내리치는 것도 나의 위세가 뒷받침했기 때문입니다. 천원으로 생라면과 소주 한 병으로 설한풍(雪寒風)을 이겨내며 지하도 바닥에서 뒹구는 노숙자도 많습니다.

특히 한국 사람들은 나 때문에 존재하는 것처럼 보일 정도입니다. 모든 대학, 직업도 나를 많이 주는 곳에서 똑똑하다는 친구들이 문전성시(門前成市)를 이룹니다. 의사, 법관, 변호사 그리고 대박의 복권 열풍, 불야성(不夜城)을 이루는 카지노, 기술력이 아닌 한탕을 노리는 벤처기업의 뻥튀기 등이 다 그런 것입니다.

엊그제 신문에 났습니다. 내 몸에는 세균들이 득시글득시글 하다고 말입니다. 이 사람 저 사람 손에 손을 거쳐서 돌고 도는 것이 돈이니깐요. 그래서 나를 세탁하는가 봅니다. 돈세탁을….

그나저나 속담에 "개같이 벌어서 정승같이 써라"라는 말이 있습니다. 나를 개같이 쓰거나 개만도 못하게 쓰지 말았으면 합니다. 개가 원조교제했다는 말은 금시초문(今始初聞)이고, 개가 돈 세탁을 했다는 말도 처음 듣는 말이기 때문입니다.

정승같이 벌어서 정승같이 썼으면 합니다. 적어도 사람답게 썼으면 합니다. 그래도 '전(錢)의 전쟁'은 끊이지 않을 것입니다.

얼마면 행복할까

아이들이 재잘재잘거리며 집으로 돌아간 오후에 교실에서 1학기 성적을 내고 있었다. 날씨는 여름문턱이지만 몹시 후터분하였다. 한참을 성적에 실랑이를 하니 머리가 지끈지끈하였다.

그때 우리 반 라현이가 불쑥 나타났다. 라현이는 우리 반 맨 앞에 앉는 꼬마아가씨이다. 마치 콩나물처럼 하늘하늘하고 코스모스와 같이 애잔한 녀석이다. 라현이가 검정 비닐봉지에 든 것을 냅다 내민다.

"라현아, 이게 뭐니?"

"식혜래요, 엄마가 갖다 드리래요."

내 책상에다 놓고서 부리나케 집으로 돌아갔다.

그 검정 비닐봉지 속에는 스테인리스 보온병이 들어 있다. 그 속에는 아주 시원하게 냉각시킨 식혜가 들어 있다. 딱 종이컵으로 석 잔의 식혜가 보온병에서 흘러 나왔다. 옆 반 선생님과 시원하게 나누어 마셨다. 해말간 밥알이 동동 뜬 식혜를 말이다.

시원한 식혜 한 잔에 마음도 시원해졌다. 그 날은 라현이가 갖다 준

냉식혜(冷食醯) 한 잔 땜에 행복한 오후가 되었다. 동동 뜬 흰 밥알이 마치 라현이와 엄마의 마음이 떠다니는 것 같았다.

누군가 그랬다. 행복은 간이역(簡易驛)과 같이 그냥 지나치기 쉽고 신기루(蜃氣樓)처럼 잠깐 나타났다 사라지는 것이라고.

여러 사람에게 "얼마면 행복할까?"라고 묻는다면 천차만별일 것이다. 어떤 사람은 '돈은 행복순이 아니잖아요'라고 항변하기도 하겠다. 이 경지에 다다르려면 성인군자의 반열(班列)에 들어야 할 것이다. 그러나 사람이 행복해지기 위해서는 경제적 기반이 있어야 함은 그 누구도 부인 못한다.

이것저것 사족을 떠나서 그냥 나는 얼마면 행복해질 수 있겠는가 생각해 보기로 하자. 아마 행복의 욕심은 점점 무성해져서 천문학적인 액수가 떠오르기도 할 것이다.

이런 이야기가 있다.

소녀 가장에게 어떻게 하면 행복해질 수 있을까 물어 보았다. 그 소녀 가장은 산동네에서 할머니, 동생 셋이서 애면글면 살고 있다.

소녀는 동생과 함께 대공원에 가서 아이스크림도 사 먹고, 그렇게 타보고 싶었던 바이킹이라는 놀이기구를 타보고 싶다고 하였다. 얼마면 되겠냐고 물어보았더니 소녀는 얼굴을 붉히며 조심스럽게 4,750원이라고 말했다. 4,750원의 사용처는 입장료, 아이스크림, 바이킹 요금, 대공원까지 버스 요금….

미얀마에 가서 어렵게 선교하는 어느 신부님의 이야기다. 미얀마는 천혜의 자원을 가진 나라라고 한다. 옛날에는 버마라고 했고, 우리에게는 북한에 의한 아웅산 국립묘지 폭파사건, 아웅산 수지여사의 민주화 투쟁 정도 알고 있는 불교국가이다. 지금은 오랜 동안 군부독재정치로 세계에서 하위 빈곤 국가 중의 하나이다.

미얀마 노동자들의 한 달 봉급이 우리나라 돈으로 8천 원 정도, 한국계 공장에서는 15,000원 정도라고 한다. 그 돈을 가지고 대여섯 식구가 한 달을 살아간다. 그들은 가난해서 하루 한 두 끼밖에 먹지 않는다. 일요일에 놀러가지 않는 이유는 '배가 꺼질까봐서'라는 것이다. 마치 어려웠던 우리 시절 부모님들이 "얘들아, 배 꺼진다 뛰지 마라!" 했던 것처럼.

그러니 미얀마에서는 하루 생활비가 오륙 백 원 정도, 한 달 생활비가 만원 정도이다. 그 신부님의 말에 의하면 우리나라 돈이 100배의 가치를 가지고 있다고 한다. 그러니 100,000원이면 10,000,000의 가치가 있는 것이다. 초등학교 학교 하나 짓는데 우리나라 돈으로 몇 백만 원이면 되나보다.

아마 미얀마 어린이들은 눈깔사탕 한 개에도 행복감에 젖을 것이다.

사실 물질적·감각적인 만족은 밑도 끝도 없는 것이다. 그러니 행복의 기준은 절대적인 것이 아니라 상대적인 것이기 때문에 다 다르기도 하다. 국민행복지수(國民幸福指數)가 가장 으뜸인 나라는 필리핀 사람들이었다.

4,750원에 행복한 소녀 가장도 있고, 47,500원에 행복하지 못한 학생도 있다. 길거리에서 파는 15,000원짜리 짜가 운동화를 신고서 흐뭇한 사람이 있는가하면 150,000원짜리 메이커 운동화를 신고서도 투덜거리

는 부류도 있다. 하기야 30~40만 원 하는 명품 운동화를 못 신으면 쪽팔리는 학생들도 적지 않으니 말이다.

4,750원의 행복, 차가운 식혜 한 잔이 주는 행복감, 10원짜리 하나에도 행복해 할 미얀마 어린이들의 행복 예감!

행복은 잠시 스쳐 지나가는 간이역, 잠깐 나타났다 사라지는 신기루, 그리고 잠시 나를 행복감에 젖게 했던 차가운 식혜 한 잔과 같을지도 모른다.

신 결혼 풍속도(新 結婚 風俗圖)

엇그제 결혼식에 다녀왔다. 식의 끄트머리에 신랑이 느닷없이 '만세 삼창'을 힘차게 외친다. 신부는 옆에서 무어라고 중얼거리는 것 같았다. 나는 신랑이 직업군인이기 때문에 그런가 했다. 나중에 알고 보니 이즈음 유행하는 새로운 결혼 풍습이라는 것이다. 하기야 변화무쌍한 21세기에서 결혼문화도 속도감 있게 변하고 있다. 몇 년 전부터는 신랑이 양가 부모에게 너부죽이 큰절하는 것이 유행하고 있다.

요즈음은 결혼식 말미에 신랑이 "만세!"라고 삼창을 하면, 신부는 "땡 잡았다!"하며 삼창으로 화답한다고 한다.

왜 그런 결혼문화가 대두되고 있는지 곰곰이 생각을 해본다. 신랑의 그 좋은 자유분방하던 시절은 다 지나가고 인생의 다른 테두리로 들어간다는 비명 소리 같기도 하다. 사실 결혼은 환상이 아니다. 현실이기 때문이다. 신랑에게는 이제는 한 가정의 가장으로서 무거운 책임과 의무라는 멍에가 틀림없이 지워지기 때문이다. 이런 것이 다 걸어가야 할 인생의 때매김이다. 또는 인생의 동반자가 생겼다는, 홀로 독신의 외로움에서 해방이라는 만세삼창인가 보다.

신부는 신랑의 만세삼창에 이어 "땡 잡았다!"라고 삼창을 한다. 이즈음 젊은이들의 이기심과 욕망의 속내가 들여다보이는 것 같아서 못내 씁쓸하다. 물신(物神)이 최대의 신으로 군림하는 황금지상주의에서 속물적인 냄새가 물씬 풍긴다. 아마 신부로 보아서는 이 결혼이 땡땡구리를 잡았다고 생각하나 보다. 하기야 결혼이 땡잡는 순간이기도 하다. 이즈음은 다 이루어진 상태에서 결혼을 한다. 사글세에서 전세, 전세를 몇 번 옮겨 다니다가 가까스로 게딱지만한 자기 집 한 칸 마련하던 옛 시절과 사뭇 다르다. 흑백텔레비전에서 컬러텔레비전으로 하나씩 이뤄가던 그들의 부모 세대와는 또 다르다. 과거에는 결혼생활을 이루어가면서 살았는데 지금은 거의 다 이루어진 상태에서 결혼하기 때문에 땡잡았다고 아니할 수 없겠다. 가장 장만하기 어려운 신혼집을 최소한 전셋집으로 마련한다. 물론 대개는 부모의 등골을 휘게 해서 출발한다.

거기다가 신부가 백수라도 신랑의 봉급이 깔축없이[49] 통장으로 고스란히 들어오니 땡잡았다는 말이 저절로 흘러나올 지경이다.

한 단계, 한 걸음, 한 개씩 이뤄가며 살아가는 부부의 삶은 작은 성취에도 행복감을 가질 수 있었다. 그러나 이즈음처럼 거의 다 이루어진 상태에서 성취감을 느끼려면 고단위 처방을 하지 않으면 안 된다. 그래서 세 쌍 중에 한 쌍이 이혼하는 연유가 거기에 있을는지도 모르겠다.

49) 깔축없이 : 조금도 축나거나 버릴 것이 없이.

'땡'은 굴러온 복이나 뜻밖의 좋은 수이다. 노력 없이 얻어진 요행수이기도 하다. 하기야 예전이나 지금이나 땡잡으려고 하는 사람들이 너도나도이다. 정치판은 몇 백억을 땡잡는다. 정치인들은 몇 십억씩 땡잡아 외국에다 콘도를 사기도 한다고 한다. 부동산 투기는 서민이 땡잡는 절호의 기회이다. 거기다가 신종 땡잡기는 로또복권이다. 한 끗수 잘 잡아 땡땡구리가 되기는 하늘에 별 따기지만 땡의 묘미를 쉽사리 떨쳐버릴 수가 없다.

땡잡은 사람들은 끝끝내 떵떵거리며 사는지 궁금하다. 주택은행에서 조사한 고액복권 당첨자들의 후면의 삶은 70~80%가 땡땡이판이었다고 한다. 보통의 삶이 거덜 난 경우가 허다하다고 한다.

땡을 잘못 잡으면, 관리를 슬기롭게 하지 못하면 땡감을 씹게 된다. 처음에는 떵떵거리지만 자기의 삶은 땡 처리 될 가능성이 농후하다. 쉽게 번 재물은 쉽게 나가기 십상이기 때문이다.

땡잡는 것은 정신적인 것보다는 물질적인 요행수이다. 땡잡은 사람들의 대부분은 땡잡은 재물이 다 소진되면 정신적인 땡 판의 공황을 갖게 된다.

어느 전임 대통령은 땡전 뉴스의 등장으로 식상(食傷)해서 세인들에게 회자(膾炙)되기도 하였다. 결국 그 대통령은 땡 처리가 되었다. 그도 땡을 너무 잡으려고 욕심을 하도 부렸기 때문이다.

결혼의 조건은 ABCDE라는 말이 있다. A(Age : 나이), B(Background : 배경), C(Character : 성격), D(Degree : 지위), E(Economic : 경제력)

이다. 지금은 아마 E를 제일 중요시 할 거다. 아마 땡잡으려는 사람들은 결혼조건으로 E를 가장 선호했을 것이다.

러시아에 이런 속담이 있다.

"바다에 나가려거든 한 번 기도하라. 싸움터에 나가기 전에는 두 번 기도하라. 그러나 결혼을 하려거든 세 번 기도하라."

우리나라도 이제는 이혼을 다반사로 하여 선진국 수준을 따라 잡고 있다. 결혼은 일생의 동반자와 같이 걸어가는 삶의 여정이다. 또 환상이 아니라 현실의 자리매김이다.

우리 옛 조상들은 부부의 일생을 이렇게 절절하게 통찰하였다.

"열 살 줄은 뭣 모르고 살고, 스물 줄은 서로 아기자기하게 살고, 서른 줄은 서로 눈코 뜰 새 없이 살고, 마흔 줄은 서로 못 버려서 살고, 쉰 줄은 서로 가여워서 살고, 예순 줄은 서로 고마워서 살고, 일흔 줄은 등 긁어주는 재미로 산다."

이제는 우리나라도 평균 수명이 여든에 가까워지고 있다. 여든 줄은 무슨 의미로 살까.

신(新) 결혼 풍속도에 의해서 신랑은 '꽝'이 되고 신부는 '땡'이 되는가.

결혼도 인생의 사계절 중에 하나이다. 봄, 여름, 가을, 겨울, 그리고 봄이 오듯이 그저 꽝도 없고 땡도 없이 서로서로 아귀를 맞춰 결혼 퍼즐 판에 조각 하나하나 맞춰 가듯이 땡글땡글하게 살아야 하겠다.

갯값

우리말 중에 접두사로 '개'자가 들어간 말치고 고상하거나 듣기 좋은 말은 한군데도 없는 것 같다.

갯값, 개피, 개나발, 개코, 개똥, 개발, 개뿔, 개판, 개복숭아, 개살구, 개지랄, 개똥참외 등등 부지기수로 많다. 욕설 중에서도 최대의 등급은 '개'자로 시작하는 말이 타의 추종을 불허한다. 개만도 못한 놈, 개새끼, 개자식 등.

그 중에 개자식이나 개새끼 같은 욕은 괜찮은 욕설 등급에 속한다. 그러나 '개만도 못한 놈'이란 말은 어떤 기준으로 따져보아도 최하위격의 말이다. 미상불 개도 되지 못하니 말이다.

우리나라 사람들은 참으로 이율배반적이다. 그렇게도 개를 못되게 평가하면서도 보신탕이 사철탕이 될 정도로 연중무휴, 문전성시라니 이해가 가지 않는 불가사의한 일이다.

그런데 천덕꾸러기로 자라서 사람들에게 양질의 단백질 공급원 역할에 충실했던 개들도 이즈음에는 계급이 형성되기 시작했다.

마당구석에 매여 한뎃잠[50]을 자며 최하위의 천대를 받는 개가 있는

가 하면 웬만한 사람보다 더 품격 있는 대우를 받는 개들도 속속들이 등장한다. 개들의 격도 천양지차이다.

개들의 호텔, 무덤, 미장원이 생기고 개와 관계된 산업과 서비스가 번창일로에 있다.

개 산모가 잘못되면 제왕절개도 서슴지 않는다. 개 장신구에 고가의 수입 명품도 있다 하니 갈수록 점입가경(漸入佳境)이다.

어떤 개새끼는 복달임[51]의 희생제물이 되고, 어떤 개님은 애완견이 되어 상전으로 군림한다.

현실은 사람값이 갯값만도 헐할 때가 종종 나타난다. 어떤 사람은 평생 동안 다이아반지 하나 못 껴 보지만 다이아가 박힌 개목걸이가 불티난다고 하니 유구무언이다. 지하도 바닥에서 누워 자는 노숙자에게는 관심이 없어도 TV에서 방영하는 버림받은 개에 대한 인정은 뚝뚝 떨어진다.

심지어는 문명의 충돌까지 일으켰다. 개고기를 먹는 우리를 서구인들은 야만인으로 분류하기도 한다. 지금까지도 티격태격하는 문명의 충돌 현상이다. 하기야 보신탕을 먹는 민족을 야만족으로 야단쳤던 프랑스 여배우는 말고기를 먹는 서구인들에게 이를 갈기 시작했다고 하니 공평하기는 하다.

사람이 사람 때문에 먹고사는 것이 아니라 개 때문에 먹고사는 사람들이 얼마나 많은가. 수의사, 미용사, 조련사, 음식점 등.

하기야 개만도 못한 인간들이 이 세상에는 얼마나 많은가!

지참금이 적다고 개 패듯이 두들겨 패는 개는 없을 것이며, 천문학적

---

50) 한뎃잠 : 한데에서 자는 잠.
51) 복달임 : 〈민속〉복날에 그 해의 더위를 물리치는 뜻으로 고기로 국을 끓여 먹음.

인 뇌물을 먹고도 콩고물이라고 우기며 고개를 바짝 쳐드는 개는 없을 것이다. 자기 딸과 같은 어린 영계하고 원조교제를 했다는 개는 들어보지 못했다. 수입도 별로 없는 개가 27채의 아파트를 가지고 있다는 소식은 금시초문이다. 비자금 때문에 돈세탁을 했다는 소리도 못 들었다. 개들이 권력을 유지하기 위해 예닐곱 번이나 정치 노선을 바꿨다는 소리도 듣지 못했다.

그러나 개를 무척 제 자식 위하듯 애견하는 아저씨 · 아줌마들 일부 중에 개장국을 미치도록 좋아하는 식성을 무엇으로 설명해야 할지 모르겠다. 개들도 다 개격이 달라서 그런가. 똥개와 애완견의 격이 달라서 그런가. 하기야 보신탕에서는 그 비싼 애완견보다는 개격이 한창 낮은 똥개가 제값을 받는다고 하니 요지경 속이긴 하다.

갈수록 사람값은 떨어져도 갯값은 올라간다. 병원에 가도 사람은 의료보험이 적용되지만 개는 의료보험이 없으니 더욱 비싸다.

개를 애지중지하는 애견가들의 항변도 일리가 있다. 개는 어설픈 사람보다는 낫다는 것이다. 찰떡같이 믿고 지내던 사람이 하루아침에 배신하는 경우가 비일비재하다. 그러나 개는 주인을 배신하지 않는다. 개는 사람이 사랑해준 만큼 사람을 따른다는 것이다.

그렇지만 개를 사랑하는 만큼 사람도 아끼고 사랑해 주었으면 하는 바람을 가져본다.

사람은 평생을 통해 텔레비전에 한 번도 나오지 못하는 경우가 다반사이지만 개들은 텔레비전에서 버젓이 명사 대접을 받기도 한다. 정작 장애인에게는 관심이 없지만 가끔 장애를 가진 개가 나오면 온갖 애살을 다 떤다. 어찌 보면 개만도 못하니 한숨이 저절로 나온다.

그나저나 우리는 살아가면서 '개만도 못하다'라는 말은 적어도 듣지 말아야 하겠다. 개격도 못되니 말이다. 그러나 개만도 못한 인간들이 날로 늘어만 가니 참으로 개 같은 세상인가 보다.

흔히 하는 말 중에 "이걸 한 대 치고 갯값을 물어?"라고 한다. 이쯤 되면 갯값 이하로 인간이 곤두박질치는 것이다.

이즈음 진흙탕 속에서 개싸움을 하는 것 같은 정치탕(政治湯)을 보면 참으로 이전투구(泥田鬪狗) 당사자인 개들이 웃을 일이다.

내가 아는 분 중에 개와 무슨 철천지원수를 지었는지 초복에서 말복까지 보신탕 20그릇 목표 달성을 위해 매년 애쓰는 분이 있다. 올해도 목표를 달성했는지 궁금하다. 아마 개들이 인간을 정리해고 한다면 그 분은 퇴출 대상 1호가 되고도 남는다.

아침이면 애완견을 신주 위하듯이 안고 나오는 아줌마가 있다. 네 발엔 버선을 신기고 등에는 앙증스런 개덕석[52]을 둘렀다. 머리카락은 빨갛고 노랗게 물들여 고급리본으로 묶었다. 목에는 번쩍이는 목걸이를 했다. 한마디로 요란뻑적지근하다.

언뜻 이런 생각이 떠오른다. 저 아줌마는 그의 가족도 저 정도로 사랑으로 보살피는 것일까.

---

52) 덕석 : 추울 때에 소의 등을 덮어 주는 멍석.

2인분 아저씨 옆에서

지하철을 탔다. 내 옆자리에는 초등학교 3학년 정도 되는 아이가 앉을 만한 자리가 남았다.

옆의 아가씨는 독서삼매경(讀書三昧境)에 접어들었다. 안중근 의사의 말 '일일불독서(一日不讀書)이면 구중생형극(口中生荊棘)이라'라는 말이 언뜻 떠올랐다. 나도 덩달아 책을 펴들어 읽기 시작했다. 그 빈자리는 어른들이 들이밀기에는 너무나 비좁았다. 열차는 자그만 틈을 남긴 채 다음 역으로 질주하였다.

다음 역에서 승차한 오십대 중반의 거구인 남자가 그 빈자리에다 엉덩이를 사정없이 디밀었다. 내가 보기에도 내 엉덩이의 한 배 반은 될 정도의 소유자였다. 나와 그 아가씨는 최대한으로 자리를 좁혀 그 남자가 앉도록 배려를 했다. 기차는 함께 타고 가는 문명의 이기이니깐.

나는 엉덩이가 맷방석만한 그 남자가 약간 걸쳐서 갈 줄 알았다. 육중한 엉덩이를 자리에 상륙을 시킨 그 남자는 등받이 쪽으로 궁둥이를 한 번 용트림을 하였다. 나와 그 아가씨는 그 용트림에 밀려 조일 대로 조여야만 했다. 한 번 꿈틀거림에 남자 궁둥이는 반쯤 쑤시고 들어왔다. 그 엉덩이는 또 다시 용트림을 시작했다. 옆 사람의 처지는 아랑곳하지 않고 무지막지하게 뒤를 점령하기 시작했다.

결국 조이다 못한 나와 그 아가씨는 도리어 앞으로 밀려 엉덩이를 걸치는 적반하장(賊反荷杖)의 신세가 되고 말았다. 엉덩이를 막무가내로 들이민 그 남자는 이번에는 다리를 벌릴 대로 벌렸다. 한 2인분 정도 족히 벌렸다. 나와 그 아가씨는 어른 앞에 다소곳이 벌을 서는 아이처럼 두 다리를 가지런히 앉아있어야만 했다. 우리 앞에 서서 스포츠 일간지를 열심히 보고 있던 한 젊은이는 이상야릇한 상황에 뜻 모를 미소를 흘린다. 그 미소에 담긴 뜻은 예의염치(禮儀廉恥)를 내팽개치고 궁둥이를 들이미는 그 남자에 대한 무뢰함일까, 제자리도 못 지키고 되레 걸치고 앉아있는 나와 그 아가씨에 대한 연민일까.

결국 점령군 횡포에 견디다 못한 그 아가씨는 일어서고 만다. 그 남자는 가뭄에 물 만난 지렁이처럼 평수 넓은 궁둥이를 널찍이 늘리고 다리도 더 쩍 벌린다. 아마 온통 다 차지한 포만감(飽滿感)에 젖어 있을 것이다.

'악화(惡貨)가 양화(良貨)를 구축(驅逐)한다'라는 말이 있다. 나는 속이 바글바글 끓었지만, 그래도 점잖은 체면에 찍 소리 못했다. 다행이 그 양반은 두어 정거장 가서 하차하였다.

이게 우리들의 자화상이 아닐까 하는 생각이 퍼뜩 들었다. 작금의 우리들 사회생활들이 더불어 사는 것과는 사뭇 동떨어진 것처럼 오직 '나' 우선주의이기 때문이다.

우리나라에 온 외국인들이 본 한국에서 가장 이해할 수 없는 일방적인 행동의 첫 번째가 '뒤 따라 오는 사람을 위해 문을 잡아주지 않는다'는 것이라 한다.

중국인의 가장 큰 덕목은 예의염치를 아는 일이고, 일본인의 가장 으뜸 규범은 남에게 폐를 안 끼치는 것이며, 프랑스 유치원 교육은 함께 살기라고 한다.

며칠 안 있으면 내가 잘 아는 사십 줄의 중년 초입 부부가 가족을 다 데리고 이민을 간다. 그 친구는 아닌 말로 씨받이할 정도로 정직한 생활을 모범적으로 하던 부부이다. 이민을 가는 주된 이유가 정직하고 상식적인 일이 통하는 새로운 세계를 향하여 떠난단다.

정직하지 못한 것이 정직한 것처럼, 상식이 아닌 것이 상식처럼 통하는 우리 사회에서, 부정직하고 몰상식한 사람들이 득세하는 우리 사회에 진저리를 치며 그들은 모국을 등진다.

엉덩이를 용트림하여 뜸베질하듯 자리를 확보하고, 다리를 벌릴 수 있는 대로 벌리는 장년의 그 사람과 정도(正道)의 길을 가고자 이민을 택한 그 부부와 묘한 대비가 되는 것은 무슨 이유일까.

독일문호 괴테는 '상식(常識)은 인류의 수호신(守護神)이다'라고 했는데…….

다음은 환승역이라 사람들이 많이 내렸다. 자리가 듬성듬성 많이 비어있다. 노약자 보호석에도 젊은 엄마와 아들 둘, 삼모자(三母子)가 앉았다. 작은 아이는 초등학교 1학년쯤, 큰 아이는 초등학교 3학년쯤 되보인다.

나는 좋지 않게 생각되었다. '쯧쯧, 아이들을 저렇게 버릇없이 키우다니…….'

다음 역에서 노인이 탔다. 작은 녀석이 얼른 일어선다.

"할아버지, 여기 앉으세요."

그 애 엄마가 시킨 것이 아니다.

얼마 후, 맹인이 지팡이를 짚고 구걸하며 지나갔다. 이번에는 큰 녀석이 주머니에서 천 원짜리 한 장을 얼른 꺼내 맹인이 들고 있는 주머니에다 넣었다. 그것도 그 애 엄마가 시킨 일이 아니다.

다음 정거장에서 세 모자는 내렸다.

주머니 속으로 천 원짜리 한 장을 만지작거리며 머뭇거리던 내 손이 붉어졌다. 내 마음도 부끄러워졌다.

머리 좋은 사람은 가슴 좋은 사람만 못하고, 가슴 좋은 사람은 손 좋은 사람만 못하며, 손 좋은 사람은 발 좋은 사람만 못하다는 말이 유난히 부끄러운 마음을 파고든다.

Chapter 3
눈바래기

그래, 있을 때 잘하는 거야!

오늘은 토요일이다. 나만 출근을 해야 한다. 딸내미 직장은 주 5일 근무라서 집에서 쉰다. 아내는 전업주부이기 때문에 우리 집이 직장이다.

어쩐지 오늘은 나도 쉬고 싶다. 더구나 여름 장맛비는 부슬부슬 내리고 있다. 아내에게 은근히 내 속내를 비춰본다.

"여보, 나도 오늘 하루 쉴까?"

"안돼요. 돈 벌어 와야 되잖아요!"

아내는 눈 하나 깜짝하지 않고 일언지하에 출근할 것을 명령하다시피 한다. 이순(耳順)의 국경을 갓 넘어선 내가 불복종한다는 것은 어림반 푼어치도 없는 입장이다.

아내는 지나가는 말로 하였겠지만 가만히 되새겨보니 참으로 맹랑한 말이기도 하다. 혹시 지금 청소년들 생각처럼 아버지는 돈 벌어오는 사람, 엄마는 밥하고 청소하는 사람으로 간주하는 것은 아닌지….

그 말을 들으니 언뜻 두 이야기가 떠오른다.

셋째 집 조카에게는 유치원 다니는 아들이 있다. 조카는 맨날 장난감을 사달라고 조르는 아들과 굳게 약속하였다. 일주일에 한 번씩 장난감을 사주기로 말이다. 하루는 일요일이라 모처럼 집에서 푹 쉬려고 낮잠을 자고 있는데 아들이 깨웠다. 그러면서 하는 말이,

"아빠, 오늘도 나가서 돈 벌어 와요. 그래서 내 장난감을 사 주세요."

조카는 할 말을 잃었단다.

미국 청소년을 대상으로 설문한 바에 의하면 많은 어린이들이 아버지는 돈 벌어오는 사람, 엄마는 밥하거나 빨래하는 사람으로 치부하는 어린이가 많다는 것이다.

혹시 나도 이즈음 풍조처럼 남편의 효용가치에 의해 돈을 못 벌어오면 폐기대상 1순위가 되는 것은 아닌지 자못 궁금하다.

일본에서는 '젖은 낙엽 족'이라는 말이 유행한다고 한다. 오로지 직장 일에만 충성 · 충실하다가 막상 정년을 하면 집안일은 아무 것도 못하는 존재로 전락하기 쉽다는 것이다. 마치 젖은 낙엽처럼 아내의 빗자루에 붙어 다녀야 할 처지에 놓이게 된다. 그래서 한 때 일본에서는 젖은 낙엽 족이 안 되는 십계명이 유행하였다. 청소기, 세탁기 등을 돌릴 줄 알아야 하고, 세금 낼 줄도 알고, 라면도 끓여 먹을 줄도 알아야 한다는 것이다.

전에는 남편의 말에 직수굿하며[53] 다소곳하던 아내도 지금은 많이 바뀌었다. 지난번에 뭐라고 잘못 말하였더니, "당신, 늙으면 두고 봐요!"하며 도끼눈을 뜨고 서슬 퍼렇게 한 방 놓는다. 참으로 무서운 말이기도 하다. 그러나 아내의 후속조치의 말이 더욱더 모골을 송연케

53) 직수굿하다 : 저항하거나 거역하지 아니하고 하라는 대로 복종하는 태도.

한다.

"있을 때 잘 해요!"

나는 그 소리를 듣고 꿀 먹은 벙어리처럼 찍 소리 못하고 아내의 눈치만 살폈다.

지금은 월급을 꼬박꼬박 통장에 넣어주니깐 그나마 남편 대접을 받지, 추후에 경제능력을 상실하면 내 처지가 어떨까 가늠해 본다. 낙동강 오리알 신세가 안 되라는 보장이 어디 있는가. 혹시 눈치꾸러기가 되는 것은 아닌지, 또 맞고 사는 남편이 많아진다는데 나도 맞고 사는 것은 아닌지 걱정이 태산이다.

우리나라 이혼율이 세계 정상급을 달리고 있다. 명퇴이혼, 황혼이혼의 원조격인 일본문화가 즉시 유입되면서 우리도 부지런히 따라가고 있는 실정이니….

이제 내가 신경 쓸 일은 여러 방면으로 보험처리를 잘하고 보험료를 성실하게 납부하는 일이다. 노후에 아내에게 며느리에게 자식에게 눈에 나지 않으려면 있을 때 보험처리를 잘해야 하겠다. 그런데 그 보험료가 만만치 않다.

이즈음 떠도는 우스갯소리로, 이사 갈 때 버리고 갈지도 모른다. 이제 미망(迷望)의 세월은 다가온다. 더구나 고령화 사회에 진입하면서 하릴없이 공원을 서성이는 노인들, 무료급식소에 길게 늘어선 줄을 보면 이게 남의 일 같지 않다.

여태껏 자식 뒷바라지하느라 노후대비에 신경 쓸 겨를이 없었는데 등 기대려는 자식들은 하나 같이 등을 돌린다. 염량세태(炎凉世態)[54]다.

---

54) 염량세태 : 세력이 있을 때는 아첨하여 따르고 세력이 없어지면 푸대접하는 세상인심을 비유적으로 이르는 말.

그냥 지나가는 말로 해본 말이겠지만 아내의 "가서 돈 벌어와야 하잖아요" 하는 말이 귓가에 뱅뱅 돈다.

'그래, 있을 때 잘하는 거야!'

그럴 때는 토를 달지 않는 아내

우리 집안에는 동지섣달에 가정의 대소사가 줄줄이 사탕으로 이어져 있다. 우선 한 분뿐이신 누님과 매형의 생신, 둘째, 셋째 형수님의 생신, 그리고 큰처남의 생일도 우리들을 기다린다. 또 동짓달에는 딸의 생일과 섣달에는 아들의 생일이 우리의 호주머니를 노리고 있다. 거기다가 장인어른과 장모님의 기일이 열흘 간격으로 나란히 줄을 서 있고, 8년 전에 돌아가신 셋째 형님의 기고도 있다. 설날까지 합치면 우리 집의 대소사는 한 10여 건 이상이 아내의 가계부를 쥐어짜게 만들고 붉은 숫자를 써넣게 한다.

이런 대소사의 경조사비는 한 5만여 원 정도의 예산을 잡는다고 해도 50여만 원 이상이 되어 봉급생활자의 가정 경제인 가계의 허리를 휘청거리게 만들고 있다. 그렇다고 이런 일들은 피해갈 수 있는 인륜지대사(人倫之大事)가 아니다.

"여보, 이번 누님 생신 때는 고기 값이라고 한 오만 원 드려야 되지 않을까?" 하며 아내에게 은근살짝 눙쳐본다.

"그럼, 그래야지요. 고모는 동생들의 일이라면 끔찍이도 생각을 하시는데요."

아내는 이런 일에 절대로 짜그락거리거나 군소리를 하며 토를 달지 않는다. 나는 그 점이 아내에게 참으로 고맙다.

"여보, 이번 친정 큰오빠 생일에는 어떻게 하지요?"

"어떻게 하긴 어떻게 해? 처갓집까지 다 챙겼다간 한도 끝도 없는 것 아니야!"라고 하면 아내는 살짝 서운한 감을 얼굴에 비치지만, 후속 조치로 '달다 쓰다'라고 토를 달지 않는다. 나 모르게 은근히 준비하는지는 모르겠지만….

그래서 그런지 그런 말을 아내에게 해놓고 나면 찜찜하고 미안한 감이 들 때가 많다. 혹시 페미니스트가 나의 옹졸한 행동에 대해 들으면 분개할지 모른다.

25년 이상 맞벌이 전선에 참전, 아이들 둘을 제왕절개 수술로 탄생, 또 한 번의 자궁 절제로 빈궁(貧宮) 마마가 되는 위험한 대수술. 빈궁이 되는 커다란 마음의 번뇌와 몸의 고통을 잘 참아 주고 슬기롭게 넘기는 아내가 대견스럽다.

오늘도 오래간만에 아내와 단둘이서 마주 앉아 아침밥을 먹으면서 아내의 얼굴을 훔쳐본다. 어느새, 우리 인생의 부부 열차는 지명(知命)의 역을 훨씬 지나 이순(耳順)의 역에 가까워지고 있다. 아내의 얼굴에는 삶의 흔적인 나이테가 잔잔히 물결쳐 가고 있고, 머리에는 희끗희끗 눈발이 내리고 있다. 아내의 얼굴을 보면서 빈궁 마마가 될 때의 가파른 생각들이 떠오른다.

그 날은 동지섣달의 칼바람이 쌓인 눈들을 휘날리고 있었다. 수술실로 비슷한 여자 환자가 세 사람이 들어가서 두 사람이 나왔건만, 아내는 세 시간여가 지나도 나올 낌새조차 보이지 않았다.

'만약에 수술이 잘못 된다면….'

온갖 불길한 잡상(雜想)들이 꼬리에 꼬리를 무는데, 수술실에서 호출하여 득달같이 달려 가보니, 이런저런 무슨 물건들을 빨리 사 오란다. 그 후 다섯 시간이 훨씬 넘어서야 아내는 링거병을 생명의 훈장인 양 서너 개 주렁주렁 달고서 신음하면서 나왔다.

수술을 집도한 주치의는 나를 따로 불러, 녹색 보자기에 싼 아내의 몸에서 떼어 낸 것들을 무슨 보물인 양 보여준다. 주치의 온몸이 땀에 푹 절어 있어서 얼마나 아내의 수술이 어려웠나를 짐작케 하였다. 수술을 집도한 주치의는 나에게 그것들을 보여주면서 다음과 같은 끔찍한 말을 하였다.

"배를 열어보니 장들이 많이 유착(癒着)되어 그냥 덮어 버릴까 했습니다. 정말로 힘든 수술이었습니다."

그때 수술이 잘못되었으면 지금 내 앞에는 아내가 없었을 거라고 생각하니 빈궁 마마도 좋고, 쓸개 빠진 여자라도 좋다는 생각이 들었다.

집사람이 성공적으로 빈궁 마마로 책봉(册封)되던 날, 나는 조그만 화분을 축하 선물로 입원실 아내 머리맡에 놓아주었다. 거짓말 안 보태고 내 주먹보다 조금 큰 멕시코사철이라는 자그만 화분을 사다 놓았다. 지금도 그 화분은 우리 식탁에서 푸르름을 자랑하고 있다. 사올 적에는 가지와 잎이 세 개였는데, 지금은 대여섯 개가 삐죽이 나와 자라고 있다.

아내 담당 간호사가 예쁘고 앙증맞다고 퇴원할 때는 자기한테 주고 가라고 신신당부하던 화분이다. 나는 몰인정하게 그 화분을 집으로 가져왔다. 나의 빈궁 마마와 함께…. 그 화분만 보면 아내의 그 어려웠던 빈궁 수술하던 때가 생각난다. 아내가 잘 이겨내어 고맙다.

이제는 두 아이들도 둥지를 떠나려 날갯짓을 하고 있다. 두 녀석들이 우듬지[55] 위에서 힘찬 날갯짓하면서 우리 곁을 떠나면 우리 집에는 아내와 나, 달랑 둘만 남게 될 것이다.

이미 검은 머리가 희끗희끗한 파뿌리가 되어 가고 있지만, 금혼역(金婚驛)까지 우리 기차를 같이 운전하고 싶은 소망을 이 해의 벽두에 날려 본다.

나는 아내가 이승의 길벗이라고 생각한다. 종착역에서 다정히 같이 내린다면 그것 자체가 행복이리라.

지금도 세 번씩이나 배를 가르는 대수술 때문에 지퍼처럼 우툴두툴하게 꿰맨 아내의 배를 볼 때마다, '아, 잘 해주어야지…' 하는 생각을 종종 하지만, 잘 실천하지 못하고 입에 바른 말만 되풀이하고 있다.

---

55) 우듬지 : 나무의 꼭대기 줄기.

검정 고무신

19, 20, 21세기 등 3세기를 걸쳐서 살아온 사람 치고 검정고무신에 대한 한 줄금의 추억거리를 안 가진 사람은 아마 없을 것이다. 지금은 민속박물관이나 생활사 박물관에나 가야 볼 검정고무신이다. 그나마 아스라한 검정고무신에 대한 추억을 가끔 불러일으키는 것은 삐까뻔쩍하던 사람들이 교도소 내에서 면회할 때마다 으레 신고 나오는 장면에서이다.

유년시절의 검정고무신은 수많은 추억거리와 애환을 품은 생활의 일부였다.

그 당시 좀 있는 집 아이들은 흰 고무신이나 운동화를 신었다. 대부분의 아이들은 검정고무신을 신었다. 그도 절도 없는 아이들은 게다[56]를 신거나 맨발의 청춘이었다.

부모들은 발 크면서 신으라고 대개는 발보다 좀 큰 검정고무신을 사주었다. 비가 오는 날이면 물이 들어가 잘 벗겨지거나 질컥거리기 십상이었다. 가끔 작은 것을 얻어 신거나 꼭 맞는 검정고무신을 신으면 발

56) 게다 : 일본 사람들이 신는 나막신.

뒤꿈치는 한동안 성할 날이 없었다. 그 때의 검정고무신은 자동차 타이어처럼 딱딱하고 뻣뻣하여 발뒤꿈치가 서너 번 벗겨지고 딱지가 아물어서 군살이 붙어야 그 때부터 좀 편하게 신을 수가 있었다.

그 당시 검정고무신은 우리들에겐 다용도로 쓸모가 많았다.

우선 장난감이 별로 없던 우리들에게 좋은 놀잇감이 되었다. 모래나 흙을 잔뜩 실은 트럭이 되기도 하고, 칙칙폭폭 꼬리를 무는 검은 증기기관차가 되기도 했다. 또 도랑에 둥실 떠가는 개미를 실은 조각배가 되기도 했다.

혹은 웅덩이나 논배미에서 잡은 잔챙이 붕어, 피라미, 우렁이를 잡아 넣는 어항이 되기도 하였고, 또 웅덩이 물을 퍼내는 두레가 되기도 했다. 검정고무신에다 우렁이를 가득 잡아서 삭정이[57]를 주워다가 구워먹던 쫀득한 그 맛을 잊을 수가 없을 것이다.

멀고 먼 학교 길을 오고 가거나 체육 시간의 달리기 시합을 할 때는 아예 벗어 두 손에 바투[58] 쥐고 배턴 대용이 되기도 했다. 마치 맨발의 마라토너 에티오피아의 아베베처럼. 우리의 마라토너 이봉주 선수가 신는 운동화가 1억 원이 넘는다고 하니 격세지감이 아니 들 수 없다.

가끔 가다가 검정고무신은 남의 살구나무나 복숭아나무를 후려치는 돌팔매로 변하기도 했다. 주인 몰래 검정고무신 한 짝을 냅다 팔매질하여 허기진 뱃구레를 채우는 군것질 무기로 사용하기도 했다.

그러나 사단(事端)은 재수 옴 붙게 나뭇가지에 걸려 도대체 내려올 않을 때인데 그런 때에는 친구들의 신발들이 총동원되기도 했다. 그도 저도 안 되면 결국 주인에게 된통 혼이 나고 장대나 바지랑대[59]로 내

57) 삭정이 : 살아 있는 나무에 붙어 있는, 말라죽은 가지.
58) 바투 : 두 대상이나 물체의 사이가 썩 가깝게, 시간이나 길이가 아주 짧게.

려야만 했다.

그러나 정작 검정고무신이 아이들 마음을 갈등과 유혹 속에서 헤매게 하는 것은 다른 데 있었다. 바로 엿장수의 출현이다. 문향천리(聞香千里)라 하듯 우리들의 귀에는 달착지근한 엿 냄새가 절렁거리는 소리와 함께 들어오게 마련이다. 엿장수는 지금으로 말하면 동네방네를 순회하면서 고물들을 분리수거해 가는 재활용품 창시자라고 할 수 있다. 아니 재활용품 수거의 원조라고 할 수 있다.

절렁거리는 엿장수 가위의 소리가 고샅길을 타고 들면 아이들의 눈에는 벌건 대낮에도 비상등(非常燈)이 화등잔(華燈盞)처럼 켜지기 시작한다. 그 때부터 엿을 바꾸어 먹기 위한 고물 수색 작전이 전개된다. 빈병, 고철덩어리, 오그랑쪽박처럼 된 양은그릇, 찢어진 고무신 등. 그러나 그런 것들이 화수분이 아니니 남아있을 리가 만무하다. 어떻게 뒤져냈는지 다음 장날에 대장간에서 벼려다[60] 쓰려고 아버지가 감춰 둔 괭이나 호미, 심지어는 어머니가 다음 파수(派收)[61]에 바꿔 쓰려고 살강 위에 고이 모셔둔 양은솥까지 들고 나오는 용기까지 생기게 하였다. 그나마 없으면 마늘 몇 통 뽑아들고 엿장수를 향해 잽싸게 달려갔다.

엿과 바꿔 우물거리는 친구들을 보면 엿 한 조각 입에 넣지 못한 우리의 입안은 군침만 가득하였다. 엿목판에 깔린 밀가루를 손으로 찍어 먹어보지만 그저 맹탕일 뿐이다.

엿장수의 구성진 타령과 절렁절렁 가위 소리는 아이들을 가리사니[62]가 서지 않게 만들었다. 금강산도 식후경이라 했듯 앞으로 벌어질

59) 바지랑대 : 빨랫줄을 받치는 장대.
60) 벼리다 : 무디어진 연장의 날을 불에 달구어 두드려서 날카롭게 만들다.
61) 파수 : 닷새마다 매매한 물건 값을 치르는 일.
62) 가리사니 : 사물을 판단할 만한 지각.

일이 어떻게 됐던 간에 아버지나 어머니의 고무신짝이나 자기의 검정 고무신 한 짝을 훌쩍 벗어 냅다 엿장수에게로 달려가기도 했다. 입안은 군침을 그득히 담고서.

달콤한 환상은 잠깐 새, 도끼눈 뜬 엄마의 얼굴이 생각났을 때는 이미 엎어진 물이다. 우리들은 엄마가 검정고무신으로 후려치는 매를 등판에 한 대 맞고 날쌔게 도망가는 것이 최고의 상책이었다. 그것도 한 짝만 남은 검정고무신을 배턴 쥐듯이 바짝 쥐고서 뛰어야만 했다.

땅거미가 어둑 내리는 어슬막63)이면 동구에서 서성거리게 된다. 동네 집들 굴뚝에서는 저녁 짓는 연기를 모락모락 피우기 시작한다. 그나마 열무김치에다 고추장에 한 그릇 후닥닥 비벼먹던 보리밥도 걸러 뛴 뱃속은 무두질치기 시작한다.

한창 서성거리면서 논밭에서 늦게까지 일하던 아버지가 바지게를 지고 소고삐 잡고 오실 때만을 눈 빠지게 기다릴 수밖에 없었다. 아버지는 아들 등판에 선명하게 찍힌 검정고무신 도장을 보고서 빙그레 웃으며 슬며시 소의 고삐를 아들에게 쥐어 준다. 어슬막의 부자(父子)의 긴 그림자는 동녘으로 드리우고 소의 되새김질하는 방울소리만 붉은 저녁놀 속으로 사라진다.

그 때쯤이면 신발로 한 대 얻어맞고 냅다 달아난 아들을 찾는 엄마의 근심스런 눈동자가 석양에 잦아든다. "엄마!" 하고 품안으로 파고드는 눈물, 콧물로 얼룩진 아들의 얼굴을 무명 행주치마로 쓱쓱 훔쳐 준다. 이렇게 검정고무신은 회초리 대용으로 쓰이기도 했다.

점심 몫까지 잔뜩 먹어치운 아들은 보리방귀를 푹푹 뀌면서 엿 먹는 꿈을 꾸는지 입을 오물거리고, 매 맞는 꿈을 꾸는지 실룩거린다. 그

63) 어슬막 : 해질 무렵의 북한말. 황혼.

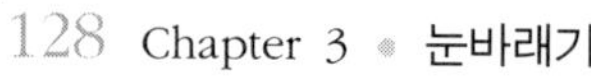

옆에서는 엄마가 등잔 심지 돋으며 그나마 내일 학교에 신겨 보낼 요량으로 찢어진 헌 신발 한 짝 꿰매기에 여념이 없다. 마치 쪼개진 이남박 꿰매듯. 이즈음 마구 뜯어고치기를 잘한다는 솜씨 좋다는 성형외과 의사보다 더 정교한 바느질 솜씨로 말이다.

댓돌 위에 외로이 남은 한 짝의 검정고무신에는 달님의 미소가 가득 담겨 넘실넘실 어린다.

검정고무신은 때로는 우리로 하여금 트럭운전사가 되게 하고, 기관사가 되게 하기도 하고, 선장이 되게도 했으며, 사탕공장의 사장이 될 꿈도 꾸어보게 했다.

그런 꿈들을 담던 검정고무신이 수억 원의 정치자금을 콩고물이라고 우기는 정치꾼이나, 천문학적인 금액을 통치자금이라고 꿀꺽하고도 고개를 곧추 세운 전직 대통령, 서민들이나 노동자들에게 피눈물을 뿌리게 했던 장본인들이 모르쇠로 입 굳게 다물고 교도소에서 질질 끌고 나오는 모양새를 보게 된다. 유년시절의 검정고무신에 대한 꿈이 흙탕물이 되는 것 같아 아닌 말로 아더메치유[64]해진다.

아마 호롱불 밑에서 신발 한 짝 꿰매던 엄마는 계란을 부지런히 몇 줄 모아야겠다는 시름에 잠긴다. 돌아오는 장에는 아들에게 검정고무신 한 켤레를 사다주어야겠다는 생각을 하며 잘 들어가지 않는 바늘에다 머릿기름을 연신 문지를 것이다.

검정고무신은 신기도 닦기도 마르기도 편했다. 쓱쓱 닦아 댓돌 위에 엎어놓으면 금시 물기가 가셨다. 이제는 소위 메이커라는 운동화 한

---

64) 아더메치유 : 70년대 후반에 나타난 유행어로서 아니꼽고, 더럽고, 매스껍고, 치사하고, 유치하다라는 뜻을 모두 함축한 말.

켤레에 십여만 원이나 한다니 검정고무신이 들으면 콩 튀듯 팥 튀듯 할 노릇이다.

그러니 검정고무신에 대한 아스라한 추억은 향수라는 우리의 보물창고에서 물너울 되어 떠다닌다.

"어린 시절의 기억은 인생의 보물창고이다."

헤르만 헤세는 그렇게 말했다.

눈바래기

긴 겨울방학이 끝나고 인천으로 떠나는 날, 아버지는 이른 새벽부터 내가 자는 방에 군불 겸 쇠죽을 쑤셨다. 밖은 어제 저녁에 내린 눈이 단단하게 얼 정도로 매서운 바람이 문풍지를 울리고 있었다.

아버지는 아궁이 옆에다 동태처럼 꽁꽁 언 나의 검정운동화를 따끈따끈 데워 놓으셨다.

아침을 부지런히 먹었다. 아버지는 내가 자취하면서 먹을 쌀자루를 바지게가 없는 지게에다 지시고 버스 정류장을 향해 앞장서셨다. 나는 방학할 때 요란스럽게 계획하며 들고 왔다가 고대로 가져가는 책가방만 달랑 들고 그 뒤를 따라 갔다.

버스 정류장은 눈 비탈 언덕길을 한참 올라가야 했다. 살을 에는 듯한 찬바람이 윙윙거렸다. 입성이 좋지 못한 아버지의 작은 체구는 더욱 왜소해 보였다. 아버지는 뒤축이 다 해진 털신발을 신고 미끄러운 언덕배기를 허위허위 올라가셨다. 그 당시 털신발이라야 검정고무신 안에 누런 담요 천을 댄 그런 신발이었다.

그 뒤를 나는 아버지가 따뜻하게 데워 놓은 운동화를 신고서 아무 생각 없이 쫄래쫄래 따라만 갔다. 아버지는 지겟작대기로 미끄러운 빙판길을 짚으면서 안간힘을 다해 올라가셨다.

언덕 위 신작로에서 한참을 기다려서야 버스는 꾸물꾸물 올라왔다. 그 당시는 시간을 제대로 지키는 버스가 별로 없었다. 내가 가방만 달랑 들고 버스에 먼저 올라타면 아버지는 어제 저녁에 손수 꼬아 새끼로 단단하게 묶은 쌀자루를 냉큼 버스에 올려놓으셨다.

버스는 추위에 부르릉부르릉 떨면서 신작로를 내려갔다.

버스 차창 밖으로 보면 아버지는 빈 지게를 덩그마니 진 채 내가 탄 버스를 쳐다보고 계셨다. 버스가 고갯길을 올라 모퉁이를 돌아서 당신의 시야에서 사라질 때까지 두 손을 양 소매에 끼시고서 그 자리에 서 계셨다.

전깃줄까지 윙윙 우는 추운 날씨에 아버지는 그렇게 내가 탄 버스가 사라질 때까지 눈바래기를 하셨다.

집에서는 보리곱삶이[65]를 먹을망정 내가 먹을 자취 쌀은 항상 입쌀[66]을 보내셨다.

아버지와 어머니는 천생연분이었나 보다. 처음으로 아버지 어머니가 선을 보았을 때는 어머니 쪽에서 퇴짜를 놓았다. 아버지 체수가 작고 오종종하게 생겼다고 해서.

3년 후, 다시 중매가 들어왔다. 선을 보니 첫선 때 만난 어머니였다. 이것도 천생연분이려니 해서 두 분은 결혼하셨다고 한다.

우리 아버지는 손자 욕심이 어떻게나 많으셨던지 형제들이 딸을 낳

---

65) 보리곱삶이 : 보리밥은 두 번 삶아 밥을 짓는다고 해서 곱삶이라고 함.

66) 입쌀 : 멥쌀.

았을 때는 한 번도 안아주지도 않고 이름도 지어주지 않았다.

선비 체질이셨던 분이 약골에 애면글면 농사를 지으면서 6남매를 키워 놓으시고 우리 곁을 떠난 지 어언 사반세기[67]가 흘렀다.

맨 위 누님만 빼놓고 5형제를 다 대처로 보내어 고등교육을 시키셨다. 그 바람에 자수성가로 이뤄 놓은 전답들이 남의 손으로 하나 둘 넘어갔다.

지금도 눈이 많이 오는 추운 날이면 아버지의 모습이 아른거린다.

내가 탄 버스가 산모퉁이를 돌아갈 때까지 눈바래기를 하시던 아버지가…. 그리고 쌀자루를 번쩍 들어 버스에 디밀던 심줄이 툭 불거진 고단했던 아버지의 손이….

---

67) 사반세기 : 1세기의 4분의 1. 곧 25년을 이른다.

방울토마토

근자 들어 가장 강추위가 센바람과 함께 몰아 치던 날 우리 일행은 출발했다. 차는 영하 10도를 오르내리는 임오년(壬午年)의 첫머리 바람을 가르며 내달렸다. 그나저나 그날 저녁부터 중서부지방에 내려진 대설경보가 은근히 내 마음을 켕기게 하였다.

작년에도 지금 가는 충주호 쪽의 일기예보를 무시하고 갔다가 낭패를 당했다. 하룻밤 사이에 쏟아 부은 폭설 때문에 차가 시골길 언덕배기에서 오도 가도 못하고 꼼짝 못한 적이 있었다. 참으로 그 때는 낭패였다. 폭설의 시골 길을 견인차가 제때 올 리가 만무하였다. 눈은 앞이 보이지 않을 정도로 쏟아져 내렸다. 그런 상황에서는 스노우 체인도 무용지물이었다.

다행히 서너 시간 만에 그곳의 시골 청년들이 트랙터로 끌어주어 천신만고 끝에 빠져나올 수 있었다. 그 청년들의 선한 눈동자를 지금도 잊을 수 없다.

그런 곳을 다시 찾아간다. 영동고속도로에 간신히 끼어드니 수많은 차들이 거북이걸음이었다. 어디서 그렇게 많은 차들이 쏟아져 나왔는지 모르겠다. 이 추운 날에 되게 할 일도 없나보다라고 투덜거렸지만 나도 그 중에 하나다.

남들은 오롯이 단출하게 부부끼리 여행을 잘도 다닌다. 주변머리 없는 우리 부부는 모임의 곁두리로 끼어서는 가지만 둘이 달랑 떠난 적은 별로 없었다. 그것이 아내가 단골로 투덜거리는 이유 중에 하나다. 남들처럼 가는데 10시간 이상, 오는 데 11시간 이상을 죽이며 내장산 단풍구경을 갔다 오는 그런 용기가 없는 것이다. 아무리 단풍구경이 좋기로서니 꼬박 하루 동안을 차안에서 지내야 한다니….

영동고속도로는 완전히 꾸물거리는 주차장이다. 눈발이 가끔 차창에 부딪는다. 겨우 중부고속도로로 바꿔 타니 고속도로는 제 기능을 발휘한 채 달리게 한다. 머흘던[68] 날씨도 곳곳에 따라 벗어지기도 한다.

음성 IC를 나와 고가도로 밑을 지나갈 때, 죽음은 항상 우리 곁에 도사리고 있는 듯 사고가 들이닥쳤다. 그늘져 얼음판인 다리 밑을 지나던 우리 차는 미끄러지기 시작했다. 운전하던 친구는 급브레이크를 밟았다. 차는 다행히 경계석으로 튀지 않고 90도를 돌아 차선의 대각선으로 간신히 섰다. 그때 옆 차선에서 뒤따라오던 트럭이 다리 밑에서 역시 미끄러지면서 우리 차의 옆구리를 향하여 돌진해 왔다. 그 차가 우리 차의 옆구리를 박으면 우리 차는 트럭 밑으로 들어가는 순간만 남았다. 천만다행으로 트럭이 오른쪽으로 머리를 틀면서 달려들었다. 간발의 차이로 트럭의 뒤꽁무니 왼쪽 빔이 우리 차의 오른쪽 앞 범퍼를 사정없이 뜯어가다가 멈췄다.

눈 깜짝할 사이에 일어난 일이다. 천우신조(天佑神助)라는 말은 이

68) 머흘던 : 험하고 사납다의 옛말.

런 때 하는 말인가 보다. 네 사람은 아무 말도 할 수 없었다. 생사의 갈림길은 이처럼 찰나적인 것이다.

차를 자동차 정비공장에 맡기고 눈발이 휘날리는 빙판길을 도와 달린다. 절체절명의 순간이 뇌리에서 벗어나지 않는다. 산골짝들의 눈들이 어둠을 껴안기 시작할 때 우리는 숙소에 여장을 풀었다.

저녁을 먹고 나서 살아온 이 얘기 저 얘기, 지나온 일들을 뱉어 놓는다. 마음의 산골짝에는 아직도 깊은 상처들이 산들의 어둠처럼 숨어 있다. 아직도 치유되지 않은 고부간의 갈등사가 창밖에서 울부짖고 휘몰아치는 바람처럼 마음들을 때린다. 지금도 도사리고 있고 진정으로 용서하지 못하는 상처들이 밤의 적막을 가른다.

깊어진 암을 수술 받고 방사선 치료를 받으며 항상 생사의 갈림길에서 싸우고 있다는 친구 부인의 말은 우리 삶의 궤적을 뒤돌아보게 한다.

언젠가는 자신이 먼저 진정으로 용서해야 한다는 것을 생각한단다. 그러나 그게 쉬운 일이 아니라고 한다. 마음속에 똬리 진 응어리를 뽑아내야 더 평화로운 치유의 가능성이 스며들 것이다. 마치 잘 익은 꽈리속의 응어리를 정성껏 뽑아내야 꽈리를 잘 불 수 있듯이 말이다.

그 이튿날, 찬 새벽에 화장실을 가기 위해서 나왔다. 거실 식탁에서 부인이 수술한 그 친구가 열심히 작업 중이다. 돋보기안경을 코끝에 걸고 방울토마토 껍질을 칼로 정성껏 벗기고 있다. 부인의 몸에 좋다고 하여 매일 아침마다 이른 새벽에 일어나 한 봉지씩 방울토마토 껍질을 벗긴다고 한다. 그것도 마구잡이로 벗기는 것이 아니라 어린애 달래듯이 온 정성을 다해 벗기고 있다.

친구의 부인이 생사의 갈림길에서 꿋꿋하게 중병을 잘 이겨내는 까

닭을 알 것만 같다. 나도 저럴 수 있을까 하는 자문을 해보지만 긍정적인 답이 안 나온다. 벗겨 놓은 방울토마토의 연분홍 속살들이 생명의 살처럼 느껴졌다. 그 친구의 지극 정성만으로도 부인이 병을 훌훌 털고 일어설 것만 같다. 친구는 부인이 운동을 안 한다고 닦달이 이만저만이 아니다. 둘이서 20층의 계단을 오르내리기도 한다. 원형으로 된 복도를 1시간 동안 걸으라고 내쫓다시피 한다.

생사의 갈림길은 언제, 어디서, 누구에게나 상존하게 마련이다. 내가 탄 차를 그 트럭이 정면으로 추돌하였으면 십중팔구 우리는 불귀의 객이 되었을 것이다.

어찌 보면 우리 마음속에 맺혀져 버리지 못하는 미움, 한의 응어리들을 풀어버려야 한다. 풀지 못하고 갑자기 떠난다면 그것마저 떠도는 한이 되지 않을까.

다행히 일기예보는 빗나가 돌아오는 길은 눈들이 시나브로 녹아 있었다. 맡긴 차를 찾아 부지런히 귀갓길에 올랐다.

우리는 없는 존재였다가 잠시 있는 존재였다가 또 다시 없는 존재로 돌아가는 것이 아닌가 한다.

누가 절체절명의 그 순간을 벗어나게 했을까.

무엇이 이른 새벽마다 그 친구가 방울토마토 껍질을 벗기게 하는가.

보이지 않는 사랑

오래간만에 텔레비전에서 하는 '사랑은 보이지 않는다'라는 단막극을 본다.

줄거리는 이렇다.

고등학교를 겨우 나와 음악을 좋아해서 피아노 조율사를 하는 한 청년이 있다. 조율관계로 피아노를 전공하는 여대생을 만난다. 그 여대생은 후천성 실명(失明)을 한 장님이다. 그녀의 애인은 그로 인하여 도피성 유학을 간 것 같다.

장님인 여대생의 어려운 처지를 이 청년은 여러 번 순수한 마음으로 도와준다.

청년이 여대생의 손을 잡을 때마다, "당신은 손처럼 따뜻하군요"라고 한다. 청년의 마음에는 보이지 않는 사랑이 둥지를 튼다. 그러나 말을 못한다.

그녀가 오매불망(寤寐不忘)하던 각막이식수술이 우여곡절(迂餘曲折) 끝에 성공한다. 청년은 꽃을 사들고 병원을 간다. 이미 그녀는 귀국한 애인과 만난다. 그 청년은 애틋한 눈빛을 뒤로하고 돌아선다. 물론 그 여대생은 눈뜬 후 그 청년을 확인하지 못한다.

그녀는 애인과 결혼한다.

세월이 흐른 후, 그 청년이 차린 중고 피아노 가게에 그녀는 아들둘을 데리고 우연히 나타난다. 아이들에게 중고 피아노를 사주기 위해.

얼마간의 보이지 않는 침묵이 흐른다.

아직도 그녀가 눈이 보이지 않는 장님으로 착각한 그 청년은 그녀의 손을 잡아 건반 위에 놓아준다.

그 때 그녀는 눈을 감는다. 피아노 조율하던 청년의 따뜻한 마음이 가슴속으로 파고든다.

이것이 이 단막극의 마지막 장면이다.

'눈 먼 벌치기의 사랑'이라는 책이 있다. 강원도에서 앞을 보지 못하는 장님 벌치기의 실화를 바탕으로 쓴 글이다. 갖은 어려움 속에서 장님은 벌을 친다. 나중에는 벌의 소리만 듣고도, 벌통 안에 손만 넣어도 벌이 어떤 상태인가를 알게 된다.

정채봉의 '오세암'이라는 동화에는 다섯 살 먹은 고아 소년이 눈 먼 누나를 위해 기도하다가 성불(成佛)한다. 그 누나는 그 후 눈을 뜨지만, 눈감았을 때의 세상보다 못한 눈뜬 세상에 실망한다.

예수의 12제자 중의 하나인 토마스 사도는 예수의 부활을 창에 찔린 옆구리를 직접 만져보고야 직성이 풀린다. 예수는 토마스에게 "보지 않고 믿는 것이 더 큰 믿음"이라고 나무란다.

보이는 사랑과 보이지 않는 사랑!

언제나 그랬지만 이즈음은 특히 보이는 사랑이 판을 친다. 오관(五觀)에 의한 감각적인 사랑만을 원하기도 한다. 그럴 듯한 사랑의 메시

지와 시도 때도 없이 입맞춤하고, 샤넬 No5 향수에 코를 벌름거리고, 거리낌 없이 서로 살갗을 마찰시키기도 한다.

온통 눈에 보이는 감각적인 사랑에 매달리고 심지어는 거기다 목숨을 걸기도 한다. 쭉쭉빵빵 몸관리 사업이 번창일로(繁昌一路)에 있다. 성형수술, 체형관리, 피부미용, 선탠, 건강 다이어트, 몸모양 망가질까 봐 하는 제왕절개(帝王切開) 수술 등.

어떤 사람은 쭉쭉빵빵 몸만들기라면 죽음까지 불사한다.

부나비처럼 보이는 것만의 사랑과 결혼은 이혼이라는 속도전에 돌입하기도 한다. 온통 보이는 사랑에만 매달리다 보니 보이지 않는 사랑은 보지도 해보지도 못한다.

신(神)을 믿는 사람들의 사랑은 보이지 않는 사랑일 것이다. 그러나 종교가 감각적인 사랑으로 변질될 때는 그것이 사이비(似而非) 종교이다. 어느 때 또 소동을 피우겠지만, 한 때 휴거 때문에 온통 술렁인 것처럼.

지금은 다 돌아가신 부모님의 애면글면하고[69] 안다미로한 사랑, 북에 두고 온 아내를 한평생 홀로 그리다 이승을 떠난 어느 노의사(老醫師)의 순애보(殉愛譜), 조선시대의 여인 무덤에서 나온 먼저 간 남편을 그리는 아내의 애절한 만사(輓詞), 바람 속에 보이지 않는 자연의 경이로움….

진정한 사랑은 보이지 않는 부분까지도 사랑하는 것이 아닐까. 눈, 코, 입, 귀, 살갗만의 사랑은 온갖 동물도 다 하는 사랑이다. 행복이라는 것도 보이지 않는 순간적인 느낌인 것처럼.

텔레비전을 켠다. 온갖 보이는 것들만으로 꽉 차 있다. 젊은이들의 댄스뮤직 일색의 휘황찬란한 춤과 노래도 그렇고, 보이는 것만으로 이

69) 애면글면 : 몹시 힘에 겨운 일을 이루려고 갖은 애를 쓰는 모양

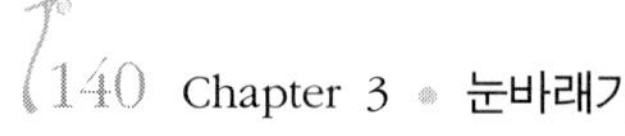

루어진 감각적인 말장난도, 마구 내버려진 이혼고아(離婚孤兒)도, 조폭(組暴)들의 막가는 말들이 난무(亂舞)하는 것도 그렇고.

가끔, 장애아만을 입양해 키우는 어느 외국인 부부의 보이지 않는 사랑도 보인다.

달창숟가락

국어사전을 찾아본다. '달창나다'의 뜻은 ① 물건을 너무 오래 써서 닳아 해지거나 구멍이 뚫리다 ② 많은 것을 써서 없어지게 하다라고 되어 있다.

달창숟가락!

지금은 감자껍질을 벗길 때, 칼이나 껍질 벗기는 기구를 사용한다. 가정에서는 옛날처럼 감자를 많이 먹지를 않는다. 내남없이 어려웠던 시절, 우리는 감자가 주식일 정도로 무진장 많이 먹었다. 감자로 끼니를 때우는 때가 허다했고, 꽁보리밥에도 감자를 썽둥썽둥 썰어 넣었다. 보리곱삶이와 감자가 반반일 정도였다. 또 감자가 우리들의 주된 주전부리감이 되기도 했다.

감자를 찌거나 삶으면 예닐곱 개만 찌는 것이 아니었다. 한 방구리쯤 그들먹하게 감자를 쪘다. 요는 그 많은 감자의 껍질을 어떻게 벗기는가가 큰 문제였다. 갓 캔 감자는 껍질이 야들야들하여 잘 벗겨졌으나 오래된 감자는 시들시들하여 껍질을 벗기기가 만만치 않았다.

그 당시는 감자도 여러 가지 종류가 있었다. 쌀처럼 껍질이 뽀얀 쌀

감자, 보리처럼 거무스름한 보리감자, 껍질이 자주색 나는 자주감자, 그리고 맛이 포슬포슬했던 개량감자와 돼지먹이로 주던 뚱딴지라는 돼지감자가 있었다. 재미있었던 것은 쌀·보리감자에는 흰 꽃이 피고, 자주감자에는 자주 꽃이 폈다. 감자꽃만 보고도 그 밑에 어떤 감자가 달렸는가를 짐작하고도 남았다.

권태응의 동시 '감자꽃'을 보면, "자주 꽃 핀 건 자주 감자 / 파 보나마나 자주 감자 / 하얀 꽃 핀 건 하얀 감자 / 파 보나마나 하얀 감자"처럼.

어머니는 감자를 방구리나 자배기[70]에 가득 담고서 물을 부어 놓았다. 껍질이 불어서 벗기기 쉽게 하기 위해서이다.

한참 지난 후, 어머니는 달창숟가락으로 감자껍질을 벗기기 시작하였다. 우리 집 달창숟가락은 누런 놋쇠숟가락이었다. 그것도 하도 오래 쓰고 닳고 닳아서 초승달처럼 가운데가 파인 숟가락이었다. 서유기(西遊記)에 나오는 사오정의 창과 같은 모양이었다.

어머니는 신기(神技)에 가까울 정도로 그 많은 감자를 달창숟가락으로 껍질을 벗겼다. 어머니의 재빠른 솜씨는 자배기나 방구리에 깐 감자가 수북이 쌓이게 하였다. 달창숟가락은 주로 감자껍질을 벗기는 데 사용하였지만 사과 강즙내기, 무우 얇게 저미기 등 휘뚜루마뚜루[71] 사용하였다.

어머니는 중무쇠솥에다 감자를 쪘다. 그냥 찌는 것이 아니다. 사카린이나 당원, 소금, 소다를 넣고서 푸짐하게 쪘다. 달창숟가락으로 온몸이 벗겨진 감자는 잘 달궈진 무쇠솥에서 노릇노릇하게 익어갔다.

---

70) 자배기 : 아가리가 넓게 벌어진 질그릇.
71) 휘뚜루마뚜루 : 이것저것 가리지 아니하고 닥치는 대로 마구.

우리는 쥐가 풀방구리에 드나들 듯 부엌을 주살나게[72] 드나들면서 감자를 축내었다. 배곯던 시절, 감자는 허기진 배를 채울 수 있는 유일한 음식 중에 하나였다. 보리곱삶이조차 제대로 못 먹어 고운 보릿겨로 까끌까끌한 개떡을 만들어 먹던 시절이었다.

그 당시 학교에서는 옥수수 죽을 쑤어 주었다. 옥수수가루에 탈지분유와 왕소금을 훌훌 뿌려 멀겋게 끓인 죽이었다. 우리는 쭈그렁 양은도시락에다 받아 숟갈도 안 대고 훌훌 불면서 허기진 배를 채웠다. 가끔 탈지분유가루도 배급을 주었다. 그 분유가루만 종지에 담아 밥 위에다 찌면 돌덩이처럼 굳어졌다. 망치로 깡깡 깨도 잘 안 깨질 정도로 단단해졌다. 달착지근한 탈지분유를 허겁지겁 너무 많이 먹으면, 우리는 좍좍 내리쏟는 굴뚝설사에 하늘이 노래지고 눈은 퀭하니 들어가기도 했다.

우리 집에는 달창숟가락만 있는 것이 아니다. 어머니가 시집올 때 장만한 커다란 놋쇠주걱도 달창이 나있고, 부엌칼도 달창칼이 되었다.

어머니가 달창놋쇠주걱으로 북북 긁어주던 누룽지는 우리들의 고품격 주전부리였다. 지금은 그 시절을 회상하여 누룽지 만드는 기계도 나왔고, 누룽지사탕도, 심지어는 누룽지차까지 나왔다.

사실 구수한 숭늉은 우리 민족의 국민차(國民茶)라고 해도 지나친 말이 아닐 것이다. 지금은 커피나 녹차 때문에 숭늉의 구수하고 따뜻한 정겨움이 많이 사그라지고 있지만 가끔 음식점에서 내놓는 숭늉을 대하면 그렇게 감칠 나고 반가울 수가 없다. 우리의 전통차(傳統茶)에 대하여 왈가왈부하지만 어디 서민 · 평민들이 그런 차를 즐길 수 있었겠는가. 다도(茶道)를 운운하는 것은 어찌 보면 사치스런 취미였다. 그저 서민들이 뜨끈한 온돌방에 앉아 훌훌 불어 마시던 숭늉이야말로 우리

72) 주살나게 : 드나드는 것이 매우 잦다, 뻔질나다.

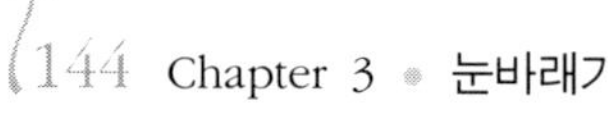

민중들이 즐기던 곡차(穀茶)였다.

놋쇠그릇이 알루미늄이나 플라스틱에 밀려난 지 오래다. 놋쇠의 좋은 점이 발견되어 일부에서는 쓰기도 하지만. 치매(癡呆)의 일종인 알츠하이머병에는 알루미늄과 관계가 있다고 한다. 현재 인류가 처한 재앙(災殃)이라는 3A, 즉 에이즈(Aids), 알츠하이머(Alzheimer), 산성비(Acid)도 이와 무관하지 않다.

이는 과학의 본질을 외면한 편리함만 좇는 인간의 욕심에서 생겨난 재앙이다. 어떤 이는 과도한 과학의 발전은 현대판 선악과(善惡果)가 될지 모른다고 걱정을 하기도 한다.

어머니가 달창숟가락으로 껍질을 벗겨 쪄주던 감자, 늘 골골하여 밥맛을 잃었을 때 달창숟가락으로 긁어 먹여주던 사과강즙, 달창주걱으로 북북 푸짐하게 긁어주던 누룽지!

누룽지에서는 우리네 어머니 냄새가 난다.

아무리 세월이 변하여도 우리들 마음속에는 닳고 닳은 달창숟가락처럼 변하지 않는 본질이 있었으면 한다. 우리들 생활에서 '따뜻함, 구수함, 정겨움, 그리움, 푸근함' 등이 변하지 않는 달창숟가락처럼 말이다.

등잔불 밑에서 달창난 양말을 깁고 깁던 어머니
달창숟가락으로 감자껍질을 벗기던 어머니
달창주걱으로 누룽지 긁던 어머니
달창호미로 텃밭을 매던 어머니
달창난 속내의만 입던 어머니
좋은 것들 다 자식들에게 내주고
달창난 것만 달랑 어머니의 몫이었습니다.

보자기

나는 감히 우리 민족을 보자기와 같은 민족이라고 부르고 싶다. 우리 민족은 본래 가방과 같은 민족이 아니었고 보자기 같은 민족이었다. 지금은 시절이 하도 변하여 남녀노소가 너나 할 것 없이 가방을 메거나 들고 다닌다. 아즐아즐 걷는 유아부터 심지어는 애완용 개에게까지 가방을 메게 한다.

우리 민족은 보자기와 같은 삶을 살아가던 민족이었다. 보자기에는 가방처럼 뚜껑이 없다. 가방처럼 닫혀있는 것이 아니었다. 가방에는 자기만의 잠금장치가 있고 온통 비밀스런 존재인 반면에, 보자기는 완전히 열려있는 존재였다.

가방은 일정한 형태의 물건만 넣을 수 있다. 그런데 보자기의 첫째가는 특징은 어떤 모양의 물건도 넣을 수 있다는 것이다. 모가 난 것이든 둥근 것이든 다 변신해서 쌀 수가 있다. 또한 보자기는 우리 민족이 무한한 수용력의 성정(性情)을 가진 민족이라는 것을 증명하는 산 역사물이기도 하다.

전에는 결혼식 답례품으로 보자기도 많이 주었건만 이제는 이래저래 우리 곁에서 사라지고 있다. 보자기 같은 우리 마음까지도 가뭇없이 사라지고 있다. 가끔 텔레비전에서 국회의원들이 잘 보지도 않는 수북한 자료를 싸 가지고 가는 것이 으레 보자기였다.

보자기는 참으로 우리 민족의 희로애락과 애환을 같이 하였다.

내가 초등학교에 다닐 때에는 책, 공책, 필통, 도시락 등을 보자기로 둘둘 말아 가지고 다녔다. 그래서 그때의 책가방을 책보라고 불렀다. 풀리지 말라고 옷핀을 하나 툭 꽂으면 만능 책가방이었다. 책보는 손에 들거나 어깨에 메기도 하고 허리에 질끈 동여매기도 하였다. 여자 애들은 머리 위에 이기도 하였다.

책보를 허리에 걸치고 다니면 생철필통에서 달그락거리는 연필소리가 들렸다. 그 바람에 도시락밥에 푹 박은 종지의 고추장은 자동으로 섞여 비빔밥이 되었다. 집으로 돌아올 때는 지금의 난타공연(亂打公演)처럼 생철필통에서는 달그락달그락, 빈 양은도시락에서는 숟갈과 종지가 덜그럭거렸다. 신나게 달리던 그 시절 속에는 보자기의 숱한 애환이 추억거리로 묻어 나오고 있다.

보자기는 참으로 편리한 물건이었다. 지금의 포장이사에 비할 바가 아니다. 어디에서나 써먹을 수 있는 포장 운송수단이었다. 아마 우리 민족이 발명한 최고의 포장 운송수단이라고 하면 지나친 미화가 아닐는지 모르겠다.

보자기는 휴대하기가 지극히 편리하였다. 심지어 접으면 주머니에 너끈히 들어갔다. 보자기는 우리의 신체부위와 언제나 찰떡궁합이었다. 머리에 일 수도 있었고 어깨, 허리에 멜 수도 있었다. 손에 들 수도 있었고 심지어는 배 앞에다 찰 수도 있었다.

보자기는 우리 생활에 휘뚜루마뚜루 다용도로 사용되었다.

급하면 개구쟁이 누런 콧물을 닦는 수건이 되고, 물건을 머리에 일 적에는 똬리가 되기도 했다. 수건돌리기의 표적이 되기도 하고, 더위나 추위를 가리는 스카프가 되기도 하였다. 중년 아줌마의 흘러내리는 치마를 질끈 동여매는 허리띠 역할은 물론, 깔거나 깔아놓는 작은 돗자리의 임무도 톡톡히 해냈다. 뙤약볕 밑에서 김을 매던 아줌마의 머릿수건이 되기도 하였다.

장날이 되면 시골 아낙네들은 머리 위에는 보따리 하나씩 이고서 장나들이를 하였다. 보따리 속에다 누가 볼세라 곡식 두어 말을 이고서 삼삼오오 장터로 향했다. 며느리 때문에 속이 상해 머리가 지끈지끈 아픈 시어머니의 두통 해소용 및 시위용 머리띠가 되기도 하였다. 응급처치의 삼각건(三角巾)으로 유용하게 쓰였으며 다용도 가방으로 쓰임은 당연지사(當然之事)이다. 밥상보가 되기도 하고 보자기에 싼 사주단자가 오가기도 하였다.

이렇게 보자기의 역할은 정해진 생김새에 따라 고정적인 역할을 하는 것이 아니었다. 보자기는 상황에 따라 변화가 자유자재(自由自在)인 변신의 귀재였다.

보자기를 이고서 장에 간 엄마를 기다리는 아이들, 목을 길쭉이 빼고서 이제나저제나 동구 밖을 눈이 빠지게 기웃거린다. 칭얼대는 동생을 달래면서 오솔길에 낯익은 보자기를 인 엄마를 기다렸다. 그 보자기 속에는 으레 막과자 한 봉지와 눈깔사탕 한 봉지가 들어있을 것이다.

이렇게 보자기는 우리 민족의 정서와 애환이 서린 물건이었다. 보자기는 우리 곁에서 가방, 수건, 스카프, 깔개, 방석, 돗자리, 머리띠, 허리끈으로도 변신되었다. 보자기는 서민생활에 휘뚜루마뚜루 애용되었다. 사주단자, 머릿수건, 정히 없으면 간이 팬티 역할을 톡톡히 하였다.

똥끝이 미어지게 가난하던 시절, 아버지가 서울중학교 입학 때 신체검사를 받게 되었다. 그러나 너무나 가난해서 정수동[73]이 딸 혼사 후행(後行) 때처럼 노팬티였다고 한다. 임시변통으로 일본인의 훈도시처럼 보자기로 간신히 가리고 신체검사에 임하셨다고 한다. 아버지께 좋은 팬티를 한 벌 사드리려 해도 이제는 다시 볼 수 없는 나라에 계신다.

보자기는 모든 것을 감싸고 덮어준다. 어린이들이 잘하는 가위 · 바위 · 보 게임처럼 '보'는 주먹의 폭력성과 파괴성을, 가위의 절단성과 분열성을 다 두루뭉수리 감싸 모든 것을 하나로 묶는 일체의 표징이기도 하다.

누구나 휴대할 수 있고, 언제 어디서나 물건을 쌀 수 있고, 운반하고 풀 수 있었다. 보자기는 우리의 일상생활의 애환을 받아들이고 감싸주고 덮어주는 존재였다. 군자는 화이부동(和而不同)하고 소인은 동이불화(同而不和)처럼 보자기는 마치 군자와 같은 존재였다.

이렇게 보자기와 같이 어려운 처지의 사람들을 감싸주던 우리의 성정(性情)이 가방처럼 규격화되고 의뭉스러워지고 있다. 또 약한 자, 가난한 사람을 업신여기는 마음들이 가방 속에 꽁꽁 쟁여져 가고 있다.

우리에게 어려운 처지의 사람들을 감싸주고 덮어주던 보자기와 같은 아름다운 성정(性情)이 다시 연어처럼 회귀(回歸)하였으면 한다.

---

73) 정수동 : (1808～1858) 번잡하고 텅빈 형식을 배격하고 간결하면서도 격조 높은 시를 쓴 시인. 권력과 금력에 저항하고 예리한 풍자로 일관하여 많은 일화가 전해진다.

아내의 반지

아내가 전에 보지 못하던 새 반지를 끼고 있다. 내가 해준 적이 없는데, 몸통은 황금색이고 눈깔은 새파란 사파이어와 비슷하다.

그렇다고 친구들끼리 반지계를 부었다는 말은 들은 적도 없다. 고작해야 결혼 때 해준 반지는 콩알만 한 붉은 루비 알이 박힌 백금반지다.

'이 여자가 어디서 이렇게 좋은 반지가 생겼을까?'

잔머리를 이리저리 굴려보아도 당최 시원한 해석이 나오지 않는다. 엊그제 결혼 31주년은 붉은 장미 31송이로 얼버무리고 말았다. 못 보던 반지를 보니 괜히 심통이 나고 부아가 돋아난다.

"이봐, 그 반지 어디서 났어?"

아내는 일언반구 대꾸도 하지 않으면서 그 반지를 이리저리 굴려본다.

"아니, 사람 말이 말 같지 않아. 왜 묻는 말에 대답을 안 해!"

그래도 아내는 울뚝별[74]이 솟아 퉁퉁거리는 나를 불쌍하게 쳐다본다. 내가 하도 보채니 아내는 기막히다는 표정으로 대꾸를 해준다.

74) 울뚝별 : 성미가 급하여 언행을 우악스럽게 하는 모양.

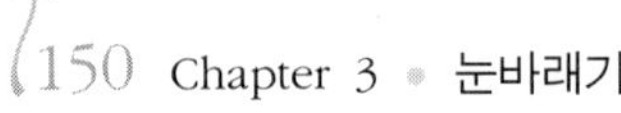

"이거요, 전철에서 파는 3개에 만원하는 가짜반지예요. 이게 진짜반지일 줄 알았어요? 언제 당신이 나에게 반지 하나 제대로 해준 적이 있어요?"

아내의 한이 서린 역공격에 나는 되레 머쓱해지지 않을 수 없었다. 가만이나 있으면 중간이나 갈 것을 긁어 부스럼을 만든 꼴이다. 그러니까 결론은 3,000원짜리 가짜반지란다.

그 소리를 들으니 채신머리없고 주변머리 없는 내 자신이 안쓰러워진다.

3,000원짜리 가짜반지를 끼고 있는 아내의 손가락은 이제는 통통하던 처녀시절이 다 가고 쭈글쭈글한 할머니 손으로 진화되고 있음을 그제야 새삼 발견하였다.

그러고 보니 결혼 후 한 번도 반지를 해준 적이 없다. 눈을 씻고 찾아보아도 묵주반지가 고작이다. 하기야 30년 세월이 지나도록 눈깔이 가장 작은 1부짜리 다이아몬드 하나 해주지 못했다.

그 소리를 듣기 전까지는 번쩍번쩍하던 금색 링과 새파란 사파이어 색깔이 찬란하게 빛났건만 지금은 왜 그리 초라해 보이는지 모르겠다. 이게 인간심리의 간사함인가 보다. 불가에서 말하는 만유심조(萬唯心造)이런가.

아마 아내가 끼고 있는 가짜반지를, 바람을 피워 입막음으로 몇 억짜리를 선물했다는 베컴부인이 끼고 있었으면 아마 수천만 원이나 수억 원 가는 반지로 생각하지 가짜로 생각할 사람이 어디 있겠는가. 반대로 아내가 진짜 수천만 원 가는 반지를 끼었다고 해서 그 반지를 진짜로 생각하는 사람은 별로 없을 것 같다.

친구의 가짜 진주목걸이를 빌려갔다가 잃어버려 진짜를 사주고 일생동

안 그 빚을 갚기 위해서 고생고생한 모파상[75]의 '목걸이'가 생각난다.

하여간에 진짜는 진짜이고, 가짜는 가짜인 것이 인생의 진리이다. 그러나 이즈음 세상은 진짜가 가짜로 둔갑하고, 가짜가 진짜로 활개 치는 세상이다. 가짜 명품이 버젓이 판을 치고, 가짜 신분에 희비애락이 오간다. 물은 물이고 산은 산이 아닌가 보다.

아내는 그 가짜반지를 즐겨 끼고 다닌다. 남편으로서의 나의 솔직한 심정은 안 끼었으면 좋겠다. 마치 30년의 세월이 넘을 동안 반지 하나 제대로 사주지 못한 것을 어깃장을 놓는 듯하여 묘한 기분이 든다. 하지만 반지 하나 사주지 못한 내 처지로서는 유구무언일 수밖에 없다.

내년 결혼기념일이나 생일에는 일수변을 내서라도 눈깔이 가장 작은 다이아몬드반지를 해주겠다는 결심을 해본다. 하기야 작심삼일에 앞짧은소리가 되기 십상이다. 두고 보자는 놈은 하나도 무서울 것이 없는 세상이다.

반지는 마음의 징표이다. 동서양 다같이 결혼 예물로 서로를 잡아주는 마음의 징표이다.

반지가 둥근 이유는 서로 사랑하는 사람으로서 링 밖으로 벗어나지 말고 최소한 지켜야 할 것을 지키자는 속뜻이 담겨져 있단다.

몇 달이 지나니 아내의 가짜반지는 희끗희끗 도금이 벗겨지기 시작한다. 가짜는 가짜다. 명품은 못 되더라도 짝퉁 반지나 하나 구해 보아야겠다.

---

75) 모파상(Guy de Maupassant) : 19세기 후반 프랑스의 소설가. 저서로는 〈여자의 일생〉, 〈비곗덩어리〉, 〈피에르와 장〉 등이 있다.

어느 날 새벽의 깨달음

어느 날 꼭두새벽에 갑자기 눈이 떠졌다. 문득 한 생각이 느닷없이 떠올랐다.

'내가 이러면 안 되는데!'

이것은 나에겐 새알꼽재기만 한 아주 작은 깨달음이라 할 수 있다. 하기야 불가에서 말하는 돈오돈수(頓悟頓修)[76]의 수준 근처에는 갈 수 없는 작은 깨달음이지만.

왜 자다가 봉창 두드리듯 그 생각이 번개처럼 떠올랐을까?

'내가 이러면 안 되는데….'

나에게는 참으로 고약하고 나쁜 버릇이 있다. 인생지기에 가장 가까운 아내에게 말을 함부로 하거나 쓸까스르[77]는 말을 잘하는 것이다. 그것도 마음에 상처를 주는 후벼 파는 말이나 할퀴는 말을 스스럼없이 잘하기 때문이다. 아주 가까운 사이이기 때문에 믿겠거니 하고 하나보

---

76) 돈오돈수(頓悟頓修) : 단번에 깨달으면 더 이상 닦을 것이 없다는 뜻.
77) 쓸까스르다 : 남을 추기었다 낮추었다 하여 비위를 거스르다.

다. 한 마디로 무시하거나 비하하는 말이 주류를 이룬다. 아내는 과거에 내가 한 말들을 어느 날엔가 틀림없이 되까릴 것이다.

예를 들면 이런 말들이다. 무식하다, 던적스럽다[78], 주책바가지다, 닭대가리 같다라는 말을 겁도 없이 해대는 것이다.

그전에는 한 귀로 듣고 한 귀로 흘려보내듯 직수굿하게 받아들이는 듯했다. 마치 성인군자처럼 말이다. 소인이 지껄이는 말에 대인은 오불관여하는 식으로.

그런데 나이가 늘어갈수록 아내의 군자연하던 대범한 수준은 가르침의 단계에 접어들었다. 내가 쓸까스르면 가끔 일침을 서슴지 않는다. 그 일언 중에 어느 날 한 말이,

"당신, 늙으면 두고 보아요!"

그것도 큰 소리로 하는 것이 아니다. 나지막하게 읊조리듯이 냉기가 서리게 말한다. 그래도 나는 엄벙덤벙 귀담아 듣지 않았다.

그런데 차차 늙음과 상관계수가 높은 일들이 주변에서 일어나는 것을 심심찮게 볼 수 있었다. 황혼이혼, 명퇴이혼, 노숙자, 아내에게 매맞는 남자, 백수 가장의 추루(醜陋), 사별(死別), 낙엽족 신세….

그래도 하룻강아지 범 무서움을 깨닫지 못한 나는 아내를 면박주기를 멈추지 않았다. 그 다음에 아내가 나에게 최후통첩 식으로 한 말은,

"당신, 되게 겁도 없어요!"라며 회심의 미소를 흘린다.

게다가 아내 주위에는 지원군단이 포진하기 시작했다. 딸내미와 아들 내외가 다 아내 뒤에서 지원사격을 한다. 나는 고립무원의 외톨이 신세로 전락하고 말았다.

그래서 나의 잃어버린 권위의 실지를 탈환할 요량으로 잔머리를 굴

78) 던적스럽다 : 하는 짓이 보기에 매우 치사하고 더러운 데가 있다.

렸다. 월급통장과 도장, 그리고 신용카드의 반환을 아내에게 요구했지만 무슨 귀신 씻나락 까먹는 소리라는 표정으로 일언반구 대꾸도 없다. 그 표정이 어림 반 푼어치도 없다는 표정이 역력하다. 어디 가당키나 하냐라는 낌새이다. 딸아이는 말도 안 되는 소리라고 지원사격을 속사포처럼 쏟아 붓는다.

이러다간 본전도 못 찾거나 게도 구멍도 다 잃을 것 같은 조짐이 보여 다음 작전을 위해 일보 후퇴하였다. 노회(老獪)한 이보전진을 위한 일보후퇴를 감행하였다. 내 깐에 우회전술을 세워본 것이다.

일엽낙지(一葉落知) 천하추(天下秋)라고 했거늘, 나는 아내의 군자연 하는 묵묵부답과 가끔 나에게 던지는 의미심장한 말 한마디의 경고성 화두를 일찌감치 알아차렸어야만 했다.

불가에서 말하는 돈오돈수의 수준은 아닐지라도 30여 년을 하로동선(夏爐冬扇)처럼 해왔다 하기는 하나 득도의 경지는 못 미치더라도 그 근처 사유의 세계는 접근했어야 했다.

석가는 보리수나무 밑에서 고행과 단식으로 생로병사(生老病死)의 깨달음을 이어 중생이 사바세계(娑婆世界)의 괴로움에서 벗어나는 길은 고집멸도(苦集滅道)에 있음을 중생에게 설파하였다.

예수는 광야에서 40일간 수행과 단식 끝에 사랑하는 것만이 영원한 구원의 길임을 계시 받고 따르는 무리들에게 설교하였다.

다들 생사의 관문을 통과하는 깨달음이 그러하니 나에게는 이 다소곳한 깨달음의 수준을 겸허하게 받아들이는 되새김의 마음 자세가 부족했던 것이다. 아직도 내게 머물고 있는 남성위주의 수직적 관계 수준을 뛰어 넘어 깨달음의 수준에 도달해야 하는 자기반성이 부족한 것인가.

이제는 잠자는 사자의 코털을 건드리거나 불을 향하여 맹목적으로 달려드는 불나방 같은 어리석은 짓은 하지 말아야 하겠다.

노후에 가장 확실한 보험처리는 아내이기 때문이다.

이제 객기를 부린 시건방진 종이호랑이 같은 작태는 부리지 않으려 한다. 지금은 그런 응석을 받아들일 계제도 아니다.

그나마 나에게 있던 쥐알봉수[79]만 한 관심도 손주에게 이양되었으니 개밥에 도토리 신세가 될지도 모르겠다. 우리 집에서 아들, 딸에 이어 서열 3위였던 내가 손주 때문에 서열 4위인 꼴찌로 밀려나니 낙동강 오리알 신세이다.

나도 실지회복을 위해 모 정당대표처럼 머리띠를 불끈 동여매고 단식이나 해볼까. 그래도 어느 누구 하나 눈 깜짝 안하고 시큰둥할 것이다.

그나저나 큰소리 땅땅 쳐가며 한 모가치[80]로 받은 이번 달 용돈이 벌써 동이 났으니 어떤 궁색한 변명을 해서 더 타내야 할지 걱정이 태산이다.

아니다. 요즈음 아내가 허리가 아프다고 하니 허리를 주물러 주자.

"집어치워요. 고까짓 것 해주고 공치사하려면…."

내가 깨달음의 수준에 도달하려면 아직도 까마득함을 깨닫게 됐을 뿐이다.

79) 쥐알봉수 : '잔꾀가 많고 약은 사람'을 조롱하며 이르는 말.
80) 모가치 : 몫을 뜻하는 경상도 사투리.

앉은뱅이책상을 가져오다

옛집의 물건을 정리하다가 앉은뱅이책상을 다시 찾았다. 창고 구석에서 먼지를 옴팍 뒤집어쓴 채 옛 주인을 기다리고 있었다.

참으로 반가웠다. 꽤 오랜 세월을 나와 동고동락한 물건이 아니었던가. 내 손때가 반질반질하게 배어있는 물건이다. 잉크자국이 여기저기 얼룩덜룩하고 긁힌 자국이 알금알금하다[81].

도회지에서 자취하던 시절, 내남없이 어려웠다. 기찻길 옆 코딱지만한 문간방에서 중학교부터 고등학교까지 자취를 하였다. 그때는 책상도 없어서 사과궤짝 두 개로 책상 삼아 책을 읽거나 공부를 하였다. 그러다가 고등학교 2학년 때 이 앉은뱅이책상 앞에 앉게 되었다.

지금은 이 세상에 없는 셋째형이 목공소에다 판자와 각목을 가져다주고 짜온 책상이다. 그때는 이 앉은뱅이책상이 얼마나 멋있고 컸는지 모른다. 그러나 지금 보니 아주 초라하고 작게 보인다. 81㎝×50㎝×33㎝ 되니 작은 탁자만하다.

---

81) 알금알금하다 : 잘고 얕게 얽은 자국이 듬성듬성 있는 모양.

그 당시는 참으로 근사하고 멋진 책상이었다. 소나무 향이 은은히 풍기고 책상 바닥에는 옹이가 몇 군데 목리문(木理紋)이 되어 물결치고 있다. 서랍은 두 개다. 짧은 다리 4개가 다부지게 우뚝 버티고 서 있다. 한 40여 년의 세월을 보듬었으나 아직도 아주 옹골차고 단단하다. 그래도 그 당시 솜씨가 있는 소목장이 만들었나보다. 못 하나 박지 않고 네 귀를 짜 맞추고 전부 나무못을 썼으니 말이다.

아내는 허섭스레기[82] 같은 이 책상을 무슨 보물단지처럼 대하는 나를 보고 여간 마음에 들지 않는 눈치다. 또 집에 가져간다고 하니 칠색 팔색을 한다. 막무가내로 그런 귀신딱지가 붙은 것 같은 물건을 집안으로 끌어들인다고 여간 마뜩잖은[83] 눈치가 역력하다. 아내는 나를 회유한다. 현대식 새 책상을 사주겠다고….

'웅숭깊은 내 속마음을 아내가 어떻게 헤아리겠는가.'

서로 다른 문화에서 성장했으니 더욱 그렇다. 사과궤짝으로 책상을 대신했던 내 성장시절을 어찌 제대로 읽을 수 있을까.

대충 먼지를 털었다. 나는 쓰다 달다 말 한마디 않고 차의 트렁크에 다 실었다. 얼마나 작은지 소형차 트렁크에 쏙 들어간다. 운전을 하면서도 만감이 오락가락 한다. 그리운 세월들이 이 앉은뱅이책상에 알알이 담겨져 있기 때문이다. 이 책상 앞에서 얼마나 많은 번민과 생각들이 오고갔는가. 벼락치기 시험공부를 하다가 엎드려 잔 적이 한두 번이 아니었고, 사춘기에 풋사과 같은 연애편지를 쓰고 찢고 하던 곳도 여기다. 당일치기 시험공부를 하다 어쭙잖은 코피를 쏟기도 하고, 사춘기의 울분에 책상을 땅땅 치던 곳도 이것이다. 책상 서랍은 나만의 추억의

82) 허섭스레기 : 좋은 것이 빠지고 난 뒤에 남은 허름한 물건.
83) 마뜩잖다 : 마음에 들 만하지 아니하다.

보물창고였다.

또한 이 책상은 휘뚜루마뚜루 쓰임새가 오지랖처럼 넓었다. 공부할 때는 책상으로, 밥 먹을 때는 밥상, 이불을 얹는 이불장이 되는 것을 마다하지 않았다.

하여간에 우격다짐으로 집으로 가져왔다. 딸아이는 또 고물을 집안으로 끌어들인다고 야단이었지만 나는 쓰다달다 아무소리 안 하고 목욕탕에서 박박 닦았다. 모녀는 근래에 보기 드문 나의 굳은 표정에 이상한 낌새를 눈치 챘는지 더 이상 왈가왈부 지청구를 주지 않는다.

시원한 물로 몇 번씩 말끔히 씻고 헹구어냈다. 닦으면 닦을수록 옛 세월의 나뭇결무늬는 물너울이 되어 나타난다. 시커먼 땟국이 주룩주룩 흘러내린다. 책상바닥의 이곳저곳에 잉크자국이 선명하고 긁힌 자국들은 많은 세월을 나와 같이 너나들이했음을 증명해 주고 있다. 소나무결과 옹이무늬가 다시 숨을 쉬기 시작한다. 책상도 여간 반가워하지 않는 눈치다.

마치 고도에서 주인을 한 30여 년을 기다린 것처럼….

안팎으로 멀끔히 닦아냈다. 나무못은 아직도 녹슬지 않고 동그랗게 자기자리를 오래도록 지키고 있다. 아교로 붙인 책상서랍 손잡이 두 개도 끄떡없이 건재하다.

내 방에 들여놓으니 소식 없던 옛 친구를 오래간만에 만난 것처럼 그리 반가울 수가 없다. 그런데 돌아가신 아버지가 그랬는지 책상 앞면을 고동색 페인트로 칠한 것이, 본디 얼굴을 성형 수술한 것 같아 영 마음에 걸린다. 그나마 책상바닥을 안 칠한 것이 천만다행이다.

책상바닥을 손으로 쓰다듬어 본다. 30여 년을 기다려온 나무의 숨결이 내 손으로 고즈넉이 스며든다. 부드럽고 따뜻하다. 아직도 송진 냄새가 풍겨오는 듯하다. 천년주목(千年朱木)이라는 말이 허투루 한 말이 아님을 실감케 한다.

지나온 물건 중에서 내 곁에 두고 싶은 것이 세 가지가 있다. 첫째는 어머니가 시집올 때 혼수로 가져오신 장롱이다. 아래는 반닫이이고 위에는 거울이 두 개 붙어 있으며 온몸에 백동장식이 고풍스럽게 붙어있는 어머니의 유일한 유품이다.

둘째는 아버지가 짚고 다니시던 지팡이다. 아버지의 손때가 묻어있는 그 지팡이를 보면 대쪽 같이 꼬장꼬장하시던 아버지가 깊은 숙환으로 고생하시던 모습이 눈에 밟힌다.

셋째는 앉은뱅이책상이다. 군인 졸병이던 셋째형이 사과궤짝으로 공부하는 동생이 안쓰러워 만들어다 준 책상이다. 게다가 하나 더 보탠다면 잉크병이다. 이것도 셋째형이 가져다 준 것이다. 잉크를 부어 넣고 펜으로 찍어서 쓰는 특별난 잉크병이다. 이건 지금까지 내가 고이 간직하고 있다.

책상 위에다 그 잉크병까지 올려놓으니 금상첨화이다. 이즈음은 펜을 잘 쓰지 않지만 그 당시는 펜과 잉크가 주요한 필기도구였다. 책상 바닥에 잉크자국이 무늬가 될 정도로 잉크병을 닦달했나 보다. 유리로 되어 있어 속이 훤히 들여다보이는 디자인이 아주 단순하고 다부지게 생긴 물건이다.

그리운 물건들이 오늘 하나 · 둘 · 셋 내게로 모인다. 이제 어머니가 남긴 장롱만 갖다 놓으면 이 방은 많은 세월들과 이야기를 나눌 수 있을 것이다. 지난날 고샅길에 그리운 추억이 고샅고샅 살아나고, 그리움의 주마등이 파노라마가 되어 불을 밝힌다.

누군가 그랬다. 지나간 것을 그리워하는 것은 '모든 사라지는 존재에 대한 근원적인 그리움 때문이다'라고. 요즈음은 옛것을 찾아 새로움을 발견한다는 것에 너무나 등한시하고, 옛것은 아예 버릴 것으로 치부되기도 한다. 온고(溫故)는 간 곳 없고 지신(知新)만 대접을 받는다. 오로지 새로운 것만이 최상의 것인 양 간주한다. 그러나 현재는 과거를 밑돌로 해서 존재하는 시간의 도정이다.

아프리카의 스와힐리족은 사람이 죽어도 다른 사람이 그 사람을 기억하는 한, 그 사람의 영혼은 가까이 있는 것처럼 여긴다. 더 이상 망자(亡者)에 대하여 기억할 수 없는 망자(忘者)가 되면 망자(亡者)가 영원한 침묵의 시간으로 들어간다고 한다.

어머니의 장롱, 아버지의 지팡이, 셋째형의 앉은뱅이책상은 내가 망각하지 않고 가끔 나를 그리움의 발자국들을 되돌아보게 한다.

아직도 내 생활 속의 일부에서는 그분들이 그리움의 추억이 편린이 되어 파들거리며 살아 있다. 내 나이 여덟 살 때 육남매를 두고 훌쩍 떠나신 어머니, 애면글면 자식들을 논밭 팔아가며 고등교육까지 가르치시다 돌아가신 아버지, 한참 살 나이에 이 세상을 등진 큰형과 셋째형.

셋째 형은 판자 고물상에서 이 나무를 구해다가 앉은뱅이책상을 만들었다. 땔감으로 운명을 다했을 나무들이 책상으로 태어나 수명이 연장된 셈이다. 마치 수령 100여년의 소나무가 남대문의 재목으로 쓰여 500년이나 넘는 가치수명(價値壽命)이 연장된 것처럼 말이다.

이즈음처럼 새로운 것 때문에 옛것이 마구 버려지는 때도 드물 것이다. 온고지신의 정신들이 디지털 속으로 빠르게 잊혀지고 또한 잃어버리고 있다. 이 하찮은 앉은뱅이책상에서 조상들의 슬기를 엿보게 된다. 몸체는 송판으로, 다리는 참나무로 되어 있다. 우리나라 대표적인 수종

(樹種)인 연목(軟木)인 소나무와 견목(堅木)인 참나무의 오묘한 조화의 슬기이다. 거기다가 시답지 않은 쇠못 하나 박지 않았으니 가히 명품의 대열에 서는 것 같다.

지신(知新)만이 최고의 가치이고, 온고(溫故)는 구시대의 유물처럼 여기는 이 시대에 이 앉은뱅이책상은 나를 깊은 사색으로 들어가게 한다.

나, 또한 그리움의 시간들이 지나면 아프리카의 스와힐리족처럼 영원한 침묵의 시간으로 서너서너[84] 들어갈 것이다.

84) 서너서나 : 조금씩 천천히의 뜻을 가진 순우리말.

화롯가에 오순도순 둘러 앉아

올 겨울부터 속옷을 껴입었다. 차츰 무릎에 시린 바람이 이니 제행무상(諸行無常)[85]이라는 말이 틀림없다.

속옷에 대한 추억은 갈피갈피 서려 있지만, 속옷 하면 첫 번째로 떠오르는 기억이 설설 기어 다니는 이를 집안 식구들이 화롯가에 옹기종기 둘러 앉아 잡던 일이 아직도 잊혀지지 않는 살가운 옛 추억이다.

지금 아이들이야 이나 벼룩이나 빈대가 어떻게 생겨 먹었는지 모르지만, 내가 어렸을 적에는 그들은 우리 생활 속의 일부였다. 지금은 위생 생활도 날로 좋아지고, 구충약도 속속들이 나와서 우리 주위에서는 이나 벼룩이 거의 전멸하다시피 하였다. 한때 초등학교 어린이들 머리카락에 머릿니가 나타나 소동을 벌인 적이 있었다. 그 바람에 머릿니를 훑어 내리는 참빗이 반짝하는 성수기를 탄 적이 있었다. 지금은 이틀이 멀다 하고 머리를 감고 샤워를 하기 때문에 이들이나 벼룩들이 거처할 겨를을 없게 만든다.

우리가 어렸을 적에는 이들이 무진장 많았다. 특히 겨울철이면 더욱

---

85) 제행이상 : 우주의 모든 사물은 늘 돌고 변하여 한 모양으로 머물러 있지 아니함.

극성을 부렸다. 저녁을 먹고 나면 집안 식구들의 주된 일과 중의 하나가 이를 토벌하는 작전이었다. 이라는 놈은 집시를 닮았는지 이 사람 저 사람에게 유랑하기 때문에 한 사람만 잡으면 없어지는 것이 아니다. 마치 새로 지은 아파트에 한 집만 바퀴벌레를 끌고 이사를 오면 온 동에 퍼지는 것처럼 말이다.

온 식구의 이 잡기 작전에 꼭 있어야 할 그 당시 문명 이기(利器)는 화로(火爐)이다. 화로는 우리 조상들이 발명한 우리나라 주거 상태에 적합한 이동식 난로이다. 화로에는 잉걸불[86]이나 영근 불들의 씨를 담아 그 위에 재로 잘 사위지 않게 꼭꼭 묻어 놓는다. 화로에는 인두와 부젓가락이 항상 있어 불씨가 사위지 않도록 수시로 다독거렸다. 성냥이 없던 옛날에는 불씨의 본산지라고 할 수 있다. 시집온 며느리는 불씨를 꺼뜨리지 않도록 여간 신경을 쓰지 않으면 안 되었다. 다른 집에서는 불씨를 댕겨 주는 것을 꺼려했을 정도로 신주(神主) 위하듯이 해야만 했다. 화로의 불씨는 뒤적거리면 죽게 마련이다. 항상 재를 덮어서 다독거려야 간직할 수 있다.

우리나라 속담에 “불씨하고 여자는 쑤셔댈수록 도망간다”라는 말이 있다.

화로의 쓰임새는 아주 다양하였다. 불씨 보관을 비롯하여, 방안을 대류 시키는 난방기구 역할을, 여인네들의 옷을 다릴 적에 인두로 다리기, 고구마나 밤 등을 구워 먹거나 된장찌개를 보글보글 데우는 취사도구 등 참으로 귀중한 역할을 하였다. 요즈음으로 말하면 전자렌지라고 할 수 있다.

어른들이 장죽에다 담뱃불을 붙이거나 재떨이 소임도 충실히 하였다

86) 잉걸불 : 다 타지 아니한 장작불.

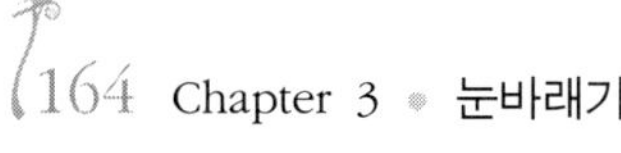

다. 할아버지들의 심사(心思)가 언짢으면 담뱃대 고다리로 화로를 탁 탁 침으로써 간접적으로 불편한 심기를 나타내기도 하였다. 아이들이 추운 겨울에 밖에 나갔다가 방에 들어와서 우선적으로 껴안는 것이 화로였다. 화로 위는 꽁꽁 언 손을 녹이고, 화로 옆은 발바닥을 데우는 난방기구였다.

그 중에서도 화로의 빼놓을 수 없는 용도가 이들을 소탕하는 기구로 아주 쓸모 있게 사용되었다. 대개가 저녁을 먹고 나면 온 집안 식구가 따뜻한 화롯가에 둘러앉아 이를 잡기 시작한다. 어른이고 아이고 가릴 것 없이 속옷을 홀떡 벗고서 이 토벌 작전이 시작된다. 이를 잡아 죽이는 방법은 대체적으로 몇 가지가 있다.

첫 번째는 압사(壓死)를 시키는 방법이다. 가난했던 시절의 그 귀한 피를 빨아먹던 이들을 두 엄지손가락 손톱에다 포위시켜 놓고서 맞대어 눌러 죽이는 작전이다. 이 방법은 큰 이나 왕퉁이가 적당하다. 이들의 피가 튀고 살이 으깨어진다. 한참 죽이다 보면 엄지손톱에는 피범벅이 된 이들의 주검들이 눌러 붙는다. 다 죽이면 침을 퉤퉤 뱉어서 쓱쓱 닦아 버린다.

두 번째 방법은 소사(燒死) 시키는 방법이다. 한 마디로 태워 죽이는 방법이다. 속옷의 솔기나 이음매를 바느질한 고랑에는 잔그랑이[87]나 서캐들이 하얗게 슬어 있을 때 사용하는 토벌 방법이다. 일일이 작은 것들은 손톱으로 죽일 수 없기 때문에 등잔불에다 대고서 태워 죽이는 방법이다. 이때 라이터나 성냥이 화염 방사기 역할을 한다. 그러면 이가 타서 퍽 터지는 소리와 서캐가 튀는 소리가 따닥따닥 나기도 한다. 또 뜨거운 화롯불 위에다 옷을 쫙 펼치면 이들이 뜨거움을 참지 못하여

87) 잔그랑이 : 아주 작은 이.

설설 기어 나온다. 이때 생포하여 화로에다 미련 없이 던져서 화형을 시키고 만다.

그것도 시원찮으면 잔그랑이나 서캐가 숨어 있는 솔기를 어금니로 자근자근 씹으면 서캐들이 터져 죽는 소리가 아작아작 들리기도 한다.

세 번째 방법은 동사(凍死) 작전이다. 이것은 옛날 군인들이 많이 하던 방법으로 속옷을 벗어 엄동설한(嚴冬雪寒)의 밖에다 내 놓아서 이들을 얼어 죽게 하는 방법이다. 얼어 죽은 이를 훌훌 털어 버리는 일종의 자연을 이용한 방법이기도 하다.

마지막 방법이 미군들이 가져온 디디티(DDT)라는 살충제를 마구 뿌리는 방법이다. DDT는 식물이나 동물의 구충제로 쓰이는 독성이 강한 살충제이다. 정작 미군들은 자기들 몸에는 뿌리지 않았지만, 우리들 머리나 몸에 마구 뿌려 댔다. 그때부터 이들이나 벼룩이 줄어들기 시작했지만, 그 DDT는 독성이 너무 강하여 우리 주위에서 자취를 감춘 지 오래다. 요즈음은 환경 호르몬이 많이 나오는 독성 강하고 잔류(殘溜)가 많은 살충제이다.

어찌 보면 이들이 득시글득시글했던 그 시대 사람들의 마음이 더 따뜻했던 것 같다. 누가 그랬듯이 인정(人情)은 국민소득에 반비례한다고 한다. 그렇다고 그 당시 사람들이 이들을 완전히 소탕할 수가 없었다. 한두 마리쯤은 자기 몸에다 기르면서 미물(微物)에게 자기 피를 보시(報施)하기도 했으니 말이다. 불가(佛家)에서는 특히 하찮은 벌레라도 죽이는 일을 삼가기도 하였다. 그래서 덕이 높은 스님은 디딜 자리, 누울 자리를 조심한다고 한다.

우리 영화 중에 '인정사정 볼 것 없다'라는 영화가 국내외적으로 인기를 끌었던 적이 있다. 원래 우리 사람들은 인정이 많은 민족이었다.

지금은 인정사정 보지 않는 시대의 흐름을 타고 있지만, 시골에서는 일하다가 참이 나오면 생판 모르는 사람이 지나가도 일부러 불러다 먹일 정도로 인정이 있었다. 어느 집 잔치가 있으면 동네잔치가 되었고, 어느 집 슬픈 일에는 내 일처럼 거들어 주는 풋풋한 인정 속에서 따뜻하게 살았다. 그러나 지금은 영화 제목처럼 인정사정 볼 것 없이 변해 가고 있다. 급속도로 밀어닥친 서구의 합리주의는 우리 고유의 동양적인 미풍양속(美風良俗)을 서양 풍속으로 바꾸어 가고 있다. 인정이 많은 것은 우리 민족의 고유 특성이다. 인정이란 어찌 보면 남의 처지를 생각하고 배려하는 마음의 씀씀이이다.

화롯가에 집안 식구들이 오순도순 둘러앉아 이를 잡던 따뜻한 옛 시간들이 그립다. 요즈음 것만이 다 좋은 것이 아니다. 젊은 세대들은 옛것은 무조건 다 버리고 새로운 것만을 추구하려는 사회적 현상을 보이고 있다.

유소득(有所得)이면 필유소실(必有所失)이요, 유소실(有所失)이면 필유소득(必有所得)이라 했듯, 얻는 것이 있으면 반드시 잃는 것이 있고, 잃는 것이 있으면 반드시 얻는 것이 있게 마련이다.

요즈음은 항상 얻는 쪽만을 생각한다. 얻으면 반드시 잃는 것이 있을 텐데….

되게 겁주는 말

장대비는 억수같이 내리부었다. 비가 오는 것이 아니라 물동이로 퍼부었다. 자동차 와이퍼를 최고 속도로 욜랑욜랑하게[88] 움직여 보아도 앞이 잘 보이지 않았다. 장대비, 천둥, 번개는 삼형제처럼 으르렁거렸다. 옆 차가 달리면서 일으키는 물보라는 파도처럼 우리가 타고 가는 차의 앞 유리로 달려들었다.

갈까 말까 설왕설래하다가 만나자는 약속을 지키기 위해서 우리는 강행군을 하였다. 어제 먼저 출발하여 온갖 준비를 다 해놓고 기다리는 다른 일행 때문에.

이런 엄청난 비가 서너 시간 계속되면 사방에서 물난리가 날 것은 틀림없다.

마음 뒤켠에는, 다른 사람들은 장마 땜에 야단인데 이렇게 강행군을 해야 하는지 가리사니[89]가 서지 않아 오락가락하였다. 더구나 먼저 가서 대기하고 있던 일행과는 전화 연락도 되지 않았다.

88) 욜랑욜랑하게 : 가볍게 움직이는 모양, 촐싹거리는 모양.
89) 가리사니 : 사물을 분간하여 판단할 수 있는 지각.

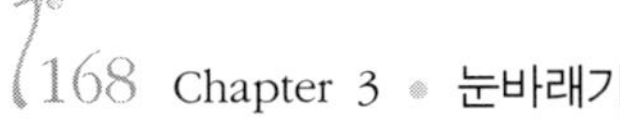

희붐한[90] 이른 새벽을 밟아 떠났으니 날씨와 상관없이 뱃속은 무두질[91] 치기 시작하였다. 하늘은 우르르 쾅 거리고, 배는 꼬르륵거린다. 휴게소에 들러 장터국수를 허겁지겁 젓가락으로 둘둘 말아먹었다.

그 소용돌이 중에서도 어렸을 적, 쇠전[92] 옆에서 먹던 장터국수가 생각난다. 잡고기와 쇠뼈다귀를 넣고 설렁설렁 끓는 고기국물에 말아먹던 그 때의 장터국수 맛이 도무지 나질 않았다. 내남없이[93] 배곯고 어렵던 시절, 그 때에는 뭐인들 맛없는 것이 어디 있으랴마는. 코를 훌쩍이며 국수그릇 바닥까지 핥을 정도였다. 그것도 재수가 좋아야 일 년에 한두 그릇쯤 먹을 수 있는 기회가 돌아왔다.

무두질하던 배를 다스리고 차는 동쪽으로 동쪽으로 온 비를 다 맞으며 달렸다. 강원도 쪽에 가까워지니 작달비[94]는 시나브로 수그러들기 시작했다.

날씨만 좋았다면 피서 차량으로 주차장화 되었을 고속도로가 그악스레 퍼붓던 장대비가 시원스레 뚫어 놓았다. 차는 거침없이 퍼붓는 빗줄기를 다독거리며 엔진을 부르릉거렸다.

목적지에 다가갈수록 비는 간헐적(間歇的)으로 쏟아졌다. 동녘 하늘이 대머리 같이 벗어지기 시작했다. 강릉 쪽에 다가서니 언제 그랬냐는 식으로 길들이 보송보송했다.

날씨의 변덕이 심하고 요상한 것처럼 우리 마음도 욜랑욜랑하게 칠면조처럼 변한다. 겁나게 내리붓는 장대비 때문에 출발할 때는 후회막

---

90) 희붐한 : 새벽의 밝은 빛이 조금 희다.
91) 무두질 : 몹시 시장하거나 병으로 속이 쓰라림을 가리키는 말.
92) 쇠전 : 쇠장(場), 우시장(牛市場).
93) 내남없이 : 나와 다른 사람이나 모두 마찬가지로.
94) 작달비 : 굵직하고 거세게 퍼붓는 비.

급(後悔莫及)이었지만 화창한 날씨를 대하니 금세 마음이 희희낙락(喜喜樂樂)하게 바뀌니 말이다. 사실 인간의 심사(心思)처럼 잘 바뀌는 것이 어디 있을까마는….

그 이튿날, 아침밥도 해먹기 싫다는 아줌마들의 양성평등의 힘에 밀려 맛있게 한다는 황태 해장국집에 앉았다. 간판에는 '○○방송 맛 자랑'이라는 선전문구가 대문짝만하게 붙었다. 요란한 선전보다는 맛이 별로였다. 사실 관광지에 있는 웬만한 음식점 치고 매스컴에 맛 소개되었다는 선전문구가 없는 집이 이상할 정도이다. 이 때 왜 "여기도 짜가, 저기도 짜가"라는 유행가 가사가 생각나는지 모르겠다.

그러나 나는 그 음식점에서 구수한 황태맛보다 더 진한 삶의 멋과 맛을 보게 된다. 우리들 앞에는 반백을 훨씬 넘긴 노부부가 단출하게 식사를 하고 있었다. 어림짐작으로 칠순 턱을 넘었을 그런 연세이다. 그러니 은발의 청춘이고 요즈음 흔히 말하는 실버세대이다.

할아버지는 황태찜을 열심히 발라 할머니 입에 넣어준다. 할머니는 제비새끼가 어미에게 먹이를 받아먹듯 받아먹는다. 머리도 흔들고 손도 흔들면서 받아먹는다. 자세히 눈여겨보니 할머니는 뇌성마비를 앓았거나 중풍을 앓은 사람 같았다. 손가락 일부는 오그라들었고 머리를 흔들며 입은 실룩거린다. 두 분 다 은빛 머리카락이 물결친다. 그분들의 얼굴 표정은 인생의 뒤안길에서 평안함과 평화로움 그 자체였다.

설핏 나도 저렇게 늘그막을 가질 수 있을까 생각을 해본다. 숱한 삶의 고뇌를 넘어선 평화로움. 마치 떠나올 때처럼 우레, 번개, 그악스레[95] 퍼붓던 비처럼 삶의 질곡(桎梏)을 지나 화창한 날씨같이 말이다.

한참을 쳐다본다. 구수한 인생의 황태 맛이 감돈다. 인생도 황태 같은

---

95) 그악스레 : 보기에 사납고 모진 데가 있는.

것인가 보다. 혹한의 덕장에서 수십 번을 얼었다 녹았다 해야만 부드럽고 구수한 황태가 되는 것처럼. 집사람의 얼굴을 번갈아 쳐다본다.

아내가 요즈음 툭하면 나에게 잘 던지는 말이 언뜻 떠오른다.

"늙으면 두고 봐요!"

아내가 나에게 은근히 겁주는 오래된 농담 같은 말이다. 처음에는 시들방귀[96]처럼 시답잖게 들었지만 낫살을 먹어가니 여간 겁나는 말이 아니다. 요즈음처럼 황혼이혼(黃昏離婚)이다, 명퇴이혼(名退離婚)이다 하여 능력이 없으면 가차 없이 용도폐기(用途廢棄)되는 이 시대에….

내가 생각하기에도 나는 아내에게 상처를 주는 말을 많이 하는 편이다. 특히 아내의 잘못이나 약점을 잔인하게 후벼 파고 뇌까리는[97] 버릇이 있다. 어떤 때 아내는 마음의 생채기 땜에 훌쩍거리기도 한다.

직수굿이 당하기만 하던 이런 아내는 이즈음 반격을 시도한다. "늙으면 두고 봐요!"하거나 어떤 때는 "등이나 긁어요!"라고 명령조로 말한다. 날마다 긁어달라고 해서 일명 효자손이라는 등긁이를 사오려 했더니, 오리지널 손으로 긁어야 시원하다고 손사래를 친다. 나보다 먼저 등을 긁어달랄 정도로 황혼녘으로 가는 아내가 안쓰러워진다.

옛 우리 조상들이 말한 부부일생 중에 "예순 줄은 서로 고마워서 살고, 일흔 줄은 등 긁어주는 재미로 산다"라는 말이 왜 그리 현명한 삶의 지혜처럼 내 마음속으로 파고드는 것일까.

퍼뜩 '친구'라는 영화에서 장동건이 써늘한 눈빛으로 유오성에게 하는 말이 떠오른다.

"내가 니 시다바리가!"

---

96) 시들방귀 : 사물을 시들하게 여기는 것.
97) 뇌까리다 : 불쾌하게 생각하는 남의 말을 그대로 되받아서 자꾸 뇌다.

팬티 때문에

내가 잘 아는 분 중에 딸이 셋, 아들 하나, 도합 여섯 식구가 사는 평범한 집이 있다. 그러니 그 집에는 부인을 비롯하여 고만고만한 딸이 합해서 여자가 4명이다.

그 집에서 남편이 하는 유일한 집안일은 빨래하는 일이다. 빨랫감을 세탁기로 빨아서, 널어서, 개켜서 집안 식구들의 개개인 옷장에다 넣어 주는 일까지 남편이 도맡아서 하는 일이다.

옷들을 개켜서 여자들의 옷장에다 넣을 때면 무척 신경질 나는 일이 생긴다. 문제는 부인을 비롯하여 다 큰딸들의 팬티 사이즈가 엇비슷하여 어느 것이 누구의 것인지 자꾸 헷갈리는 것이다.

하루는 이 남편이 중대한 결정을 하고 집안 여자들을 소집하여 비장한 결정을 발표하였다.

"각자 팬티의 색깔을 한 가지로 통일할 것!"

예를 들어서 부인의 팬티가 노란색이면 큰딸은 빨강, 둘째딸은 아이보리색, 막내딸은 보라색으로 결정해서 그대로 시행할 것을 통보하였다. 만약에 이 결정에 따르지 않는다면 여자 팬티를 각방으로 배달하지 않겠다고 단단한 각오를 통첩하였다.

그 때부터 그 집 여자들의 팬티 색이 통일되어 남편이 집안일 돕기가 수월해졌다.

그리고서 몇 년이 흐른 뒤 내가 그 남편에게 물어 보았다.

"요새도 팬티는 제대로 분류되나요?"

"웬 걸요, 이즈음은 딸들도 다 자라서 안사람이나 딸들이나 엉덩이 크기가 엇비슷하여 한데다 모아 놓으면 알아서 입고 싶은 대로 골라 입습니다."

여자팬티의 시조(始祖)는 누구일까 생각해 본다. 아마 구약 성경 창세기에 나오는 인류의 조상이라는 이브가 아닐까 한다. 하느님이 그렇게 따먹지 말라고 신신당부한 것을 어기고서 선악과(善惡果)를 따먹고 선악미추(善惡美醜)와 예의염치(禮意廉恥)에 눈을 떠, 중요한 부분을 가린 나뭇잎이 그 원조(元祖)가 아닌가 한다. 그러니 나뭇잎이 팬티의 조상인 셈이다.

이젠 팬티 하나에 이백만 원이나 하는 수입품도 있고, 궁둥이 쪽은 아예 없는 기발한 팬티도 있다고 한다. 그러나 뭐니 뭐니 해도 가장 무거운 팬티는 십자군전쟁 때 생겼다는 정조대(貞操帶)가 아닌가 한다.

참으로 세상은 많이 변하고 있다. 옛날로 치면 어찌 남정네들이 여자들의 고쟁이를 빨래하고 만질 수 있단 말인가. 이제는 변화에 적응하여 고개 숙인 남자가 되고, 이러다가는 무릎 꿇은 남자가 되지 말라는 보장은 없다. 나도 맞벌이를 할 적에는 부지런한 빨래꾼이었다.

지금도 내가 집사람의 비위짱을 건드리는 말을 하면, 아내가 나에게 협박에 가까운 겁나는 말을 할 때는 지레 주눅이 든다.

"당신, 늙으면 두고 보아요!"

그래서 우리 남자들은 이브와 아담에게 감사해야 한다. 아내에게 봉사해줄 팬티를 입게 해주어서.

오늘도 버스를 타고 가다가 병원 문을 나서는 젊은 부부를 본다. 젊은 남편 앞가슴에는 작은 아이를 안고, 한 손에는 큰 아이 손을 잡고, 다른 손에는 기저귀 가방 같은 것을 들고 젊은 아내를 쫄래쫄래 따라간다. 그 젊은 엄마는 손에는 돈이나 들어 있을 듯한 조그만 지갑만 달랑 들었을 뿐이다.

황혼이혼이다 명퇴이혼이다 신상품이 마구 수입되고, IMF이혼까지 생기니, 갈수록 설자리를 잃는 것 같다.

그러니 팬티를 색깔별로 세탁하여 배달해주는 일을 가진 그 분은 다행한 행복 속에 있는 것인지도 모른다.

'사내가 부엌에 들어가면 불알이 떨어진다'라는 말은 박물관이나 타임캡슐에서나 찾아볼 수 있는 고전어(古典語)가 아닐는지.

Chapter 4

비움과 채움

덤과 에누리

전통시장이나 5일장의 묘미는 덤과 에누리에 있다고 해도 과언이 아니다. 덤을 더 달라고 하고 에누리를 못해주겠다고 실랑이하는 줄다리기는 장을 보는 재미를 더해간다. 장사꾼은 인심 쓰는 척하면서 덤을 주고 에누리를 해준다. 사는 사람은 덤도 받고 에누리를 했다는 작은 흐뭇함에 젖게 된다.

더 얹어달라느니 더 에누리 해달라니 하면, 본전이나 손해 본다는 엄살을 부리면서 시장은 온통 생기로 시끌벅적하다. 서로 깍쟁이다, 야박하다, 후하다 되뇌면서 시장은 홍정으로 출렁거린다.

세상에서 뻔한 거짓말 세 가지는 노인이 죽고 싶다는 것, 노처녀가 시집 안 가겠다는 것, 그리고 장사꾼이 밑지고 판다는 것이라고 한다.

사람에 따라 좀 다르지만 누구나 덤을 받거나 에누리를 하게 되면 괜스레 즐거워진다. 이쯤 되면 누이 좋고 매부 좋은 격이다. 그러나 어떤 사람은 덤을 꼭 받고 에누리를 꼭 해야 직성이 풀리는 사람이 있다. 또 에누리를 잘하는 사람이 따로 있게 마련이다. 가끔 에누리를 지독히 하다가 덤터기를 쓰는 경우도 종종 있다.

그러나 백화점은 정찰제이기 때문에 덤이나 에누리를 할 수가 없다. 백화점은 정찰제이지만 고단수로 덤을 주고 에누리를 해준다. 그것이 바겐세일이다. 백화점에서 받는 덤은 같은 가격에 끼워 팔기다. 백화점의 에누리 시기인 세일 기간 중에는 그래서 사고자 하는 사람들로 북적거린다. 또 두 개를 사면 한 개를 더 끼어주는 고도의 덤과 에누리의 상술이 펼쳐진다.

백화점의 덤이나 에누리는 재래시장의 덤과 에누리보다는 그 맛이 사뭇 덜하다. 콩나물 1,000원어치 사도 한 움큼 더 덤으로 뽑아주는 싱그러운 여유를 볼 수가 없다. 백화점 식품부에서는 콩나물 1,000원어치를 사도 저울에 달랑 달아서 주기 때문이다.

재래시장 장사꾼들은 으레 본전치기라느니, 남는 게 없다느니, 손해보고 판다고 엄살을 떨지만 그 말을 곧이곧대로 듣는 아줌마들은 별로 없다. 그저 한 귀로 듣고 한 귀로 흘려보낼 뿐이다.

덤을 많이 주기는 시내버스나 전철 안에서 파는 행상의 물건들이다. 돈 천원에 빗 여러 개를 비롯하여 손톱깎이 등 대여섯 개의 물건들은 덤으로 얹어서 준다. 참으로 불가사의한 일이 아닐 수 없다. 이제는 이런 장사도 바람잡이를 고용하여 기업형으로 행하고 있다니 격세지감이 든다.

우리 삶에서 덤과 에누리는 무엇일까?

우리는 태어나자마자 자연이라는 생애 최고의 덤을 받는다. 그리고 살아가면서 덤으로 받은 자연을 안간힘을 다해 에누리하며 산다. 거기다가 덤터기를 자연에게 씌운다. 자연은 우리에게 덤을 수도 없이 준다. 그러나 인간은 그런 자연에게 에누리를 하다못해 씻지 못할 덤터기를 씌운다. 태양빛의 유해를 막아주는 오존층은 우리가 쓰는 프레온가스나 이산화탄소에 의해 구멍이 나버리고 만다. 온난화현상은 이상기후를 부르고 세계 곳곳은 덤터기를 쓰고 만다. 에누리 없는 장사가 없다고는 하지만 우리는 자연에게 너무나 에누리를 한다.

우리 삶 자체도 덤으로 살 때가 있고 에누리를 해가며 살 때가 있다. 절체절명의 순간에서 살아난 사람은 덤으로 사는 인생이요, 명을 재촉하는 생활은 에누리의 생이라고 할 수밖에 없다. 그래서 옛날 사람들은 육십갑자 환갑이 돌아오면 덤으로 사는 인생으로 치부했나보다. 환갑이 지나면 다시 한 살이라 했을 정도이니….

우리는 덤으로 받은 것들에 대해서 감사하며 살아가야 하겠다. 덤부렁듬쑥 같은 욕심은 에누리해 가면서 살아가 보자. 우리는 당장 없어도 생명을 유지하는 데 하등의 관계가 없는 보석에는 안달복달하면서 정작 없으면 당장 생을 마감해야 할 공기나 물 같은 존재에 대해서는 고마움을 까맣게 잊는다.

프랑스의 플로리스트(Florist : 꽃장식가) 다니엘 피송은 이렇게 말한다.

"꽃은 시들어버리기 때문에 아름다운 겁니다. 인생도 끝이 있으니 아름다운 것이 아닙니까? 뭐든지 영원하다고 하면 아름다울 수가 있을까요? 음식도 먹고 나면 흔적이 남지 않지만 맛이 뛰어나면 우리 기억 속에 오래 각인되는 것처럼요."

우리 인생도 덤으로 받아들이며 살 것이냐, 에누리를 해가며 살 것이냐는 인생이 유한하기 때문이다. 인간이 영원히 산다고 하면 참으로 재미가 없을 것이고 아름답거나 치열한 삶도 살지 않을 것이다. 연극에 1막과 2막이 있듯이 우리의 인생도 1막과 2막이 있어야 하지 않을까.

하여간 우리 인생에 덤과 에누리가 없다면 얼마나 삭막할 것인가?

비움과 채움

음식을 먹을 때, 식탁이나 밥상의 내 앞자리는 유난히 지저분해진다. 주로 김칫국물이나 찌개국물 등으로 볼썽사납게 얼룩져 있어 어떤 때는 남 보기에도 민망할 정도이다. 음식을 게걸스럽게 먹어서 그런지, 수저질을 제대로 못해서 그런지…. 특히 젓가락보다 숟가락을 주로 쓸 때는 더욱 심하다.

이즈음에야 그런 이유를 뒤늦게 발견하게 되었다. 숟가락으로 음식을 떠올 때 숟가락에 가득 퍼오는 것이다. 국물 등을 숟가락에 찰랑찰랑 넘치도록 퍼다가 내 입에 넣는 것이다. 그러니 운반 도중에 안 흘릴 재간이 없다. 거기다가 먹을 때 빨리 씹으니 내 앞은 항상 흘린 국물로 벌창이 될 수밖에 없는 것이다.

숟가락에 음식을 가득 실리도록 퍼오는 습성은 어려웠던 성장과정에 기인하는 것 같다. 내남없이 어려웠던 어린 시절, 음식을 적당히 천천히 먹을 처지가 아니었다. 집안일이 바쁠 때면 어머니는 그릇그릇 모가치 담아 상에 차려주지 않는다. 형제들은 고만고만 수두룩하였다. 커다란 두레반상에다 큰 양푼에 담은 보리밥일망정 수북이 담아 상 가운데에다 갖다 놓는다. 김치나 반찬도 큰 대접에다 갖다 놓고 수저도 무더기로 갖다 놓게 마련이다.

그런 상황에서 요즈음처럼 밥맛이나 반찬이 없다고 징징거리거나 깨작거리다가는 밥 굶기 십상이다. 내 몫을 누가 챙겨주지 않는다. 얼른 달려들어 숟가락으로 퍽퍽 퍼다 먹어야 한다. 숟가락에다 밥이나 반찬을 고봉으로 담아서 재빠르게 먹어야 한다. 느리게 먹으면 그만큼 내 모가치는 줄어들게 마련이다. 부지런히 대충대충 씹어서 먹어야만 했다. 그래서 그때 대충 씹어 빨리 먹던 버릇이 지금도 고쳐지지를 않는다.

그 시대에는 어쩌면 누구나 겪어야만 하는 배고픔과 채움의 전쟁이었다. 그때 숟가락에 수북이 떠오는 버릇이 지금도 고스란히 내 몸에 배어있다. 하기야 보리곱삶이일망정 배곯지 않고 배부르게 먹을 수 있는 집은 그나마 행복한 집이었다.

숟가락에다 음식을 칠 할쯤 담으면 흘리는 일이 거의 없게 됨을 근자에 터득하게 되었다. 그 바람에 생활에서도 가득 채우지 않는 철학을 발견하게 되었다. 그러나 유년시절에 길들여진 버릇은 참으로 고치기도 버리기도 어렵다.

천년을 장수한다는 학의 밥통을 들여다보면 십중팔구는 항상 밥통이 비어있거나 음식이 조금밖에 남아있지 않는다고 한다. 학은 비울 줄도 알고 채울 줄도 알기 때문에 장수하나 보다. 사실 우리 몸도 채울 줄만 알지 제대로 비울 줄 모르면 만병의 근원이 되기 십상이다.

중동에 사해(死海)와 갈릴리호수가 있다. 갈릴리호수는 받은 만큼 물은 내보내지만, 사해는 들어온 만큼의 물을 내보내지 않는다고 한다. 따라서 비울 줄 아는 갈릴리호수는 지금도 생명의 호수가 되고 있지만, 사해는 생명이 살 수 없는 죽음의 바다가 되고 있다.

우리나라 현실도 채움과 비움 때문에 어지간히 시끌시끌하다. 그 대표적인 예로 시화방조제와 새만금 간척지, 금강의 하구언(河口偃) 등이다. 채우면 비워야 하는 자연의 순환 고리가 끊어져 환경생태계가 절망적이라고 야단이다. 급기야 채우기만 했던 시화방조제를 죽음의 바다에서 일부 숨통을 터놓으니 생명의 바다로 환원되고 있다고 한다. 무릇 채움과 비움의 순환이 단절되면 썩어져서 죽음의 자연이 된다.

채울 줄만 알았지 비울 줄 모르는 인간의 탐욕의 결과는 먼 훗날 반드시 커다란 재앙으로 되돌아올 것이다. 그 재앙은 채울 때부터 잉태되기 때문이다.

자연의 변화는 채움과 비움의 연속이라 해도 과언이 아니다. 달도 채우고 비우고의 연속이다. 바다는 하루에 두 번씩 어김없이 물때썰때를 이뤄 채우고 비운다. 바람도 마찬가지이다. 저기압의 성긴 자리를 고기압이 채우기 때문에 바람이 분다. 계곡의 물도 채우고 비우기 때문에 자꾸 아래로 흐른다. 사계절도 채움과 비움이 있다. 가을의 빈자리는 겨울이 채운다. 하찮은 풀과 나무도 부지런히 채웠다가 가을이면 자연으로 비워버리며 자연법칙에 순응한다.

인간의 몸도 소우주이다. 끊임없이 채우고 비우고 한다. 폐는 공기를 채우고 비우고, 심장은 산소와 영양, 찌꺼기를 채우고 비우고 한다. 채움만 있고 비움이 적으면 우리 몸은 비정상이 되기 마련이다. 비근한 예로 현대인의 만병의 근원인 성인병이나 비만도 비움보다 채움이 월등히 많기 때문이다.

장수의 근본원칙은 비움이 채움보다 많아야 몸에 찌꺼기가 남지 않아 오래 살 수 있다는 것이 과학적인 정설이다. 어느 시인은 그랬다.

빈손이어야 다른 사람의 손을 잡을 수가 있다고.

우리가 흔히 쓰는 항아리나 그릇의 제 모습은 채움과 비움의 연속이다. 채움만 있는 항아리는 이미 그 존재 목적인 담는다는 것을 소멸한 것이 아닌가 한다. 어느 정도 비어 있어야 채울 수 있는 존재가치가 있게 된다. 또 소리도 물체가 비어 있을 때 진동하여 제대로 소리가 난다.

인간의 마음도 마찬가지이다. 현대인은 그저 채우기만 급급하다. 비우기에는 인색하다. 자기 마음만 채우면 남의 마음이 들어설 빈자리가 없다. 그저 남의 마음은 배려하지 않는다.

재물과 재능을 제대로 비울 줄 아는 사람이 있다. 빌 게이츠, 록펠러, 카네기 등 그 사람들은 재물을 채울 줄도 알고 비울 줄도 안다. 카네기는 "인생의 전반부는 돈을 벌기 위해, 인생의 후반부는 돈을 쓰기 위해 존재한다"라고 말한다. 부의 환원을 깨달은 채움과 비움의 슬기이다. 인디언의 속담에 이런 말이 있다. "남겨두는 것은 모두가 사라진다."

우리 사회에는 자기의 재물과 재능을 사회에다 제대로 비우고 가는 사람들이 그리 많지 않은 것 같다. 얼마 전에 어느 재벌 총수가 죽으면서 천억이 넘는 재산을 자식과 회사에다 물려주고 채워주고 갔다. 아마 그 사람이 재물을 사회에다 제대로 비워주고 갔더라면 오랫동안 우리 사회에서 회자되는 인물이 되었을 것이다.

우리나라 정치가나 기업가들이 대부분 존경받지 못하는 이유 중에 하나가 거기에 있지 않나 한다. 역대 대통령 중에서도 채우기만 급급하다가 결국 대통령다운 대접을 받지 못하고 있다. 정치판에서 흔히 하는 말 중에 '마음을 비운다'라고는 하지만 대개는 입 짧은 공허한 메아리가 되는 경우가 다반사이다. 어떤 경우는 겉으로는 사회에 환원한다고 하고 속으로는 자기 욕심을 채우는 부한(富漢)이 우리 주위에는 부지기수이다.

세계의 부호 빌 게이츠는 자기 자식들에게 천만 달러씩만 물려주고 간다고 하였다. 온갖 편법을 다 동원하여 자식에게 재산을 물려주고 떠나는 우리나라 기업가들과는 채움과 비움의 철학이 어딘가 남다르다. 자기들이 채운 것은 결국 사회에서 얻었기 때문에 사회로 비워야하는 것이 아닌지….

우주의 근본원리는 생성과 소멸, 채움과 비움의 순환원칙이 적용된다. 부증불감(不增不減)의 물이 순환되고, 온갖 생물들도 자기가 죽음으로써 대를 번식하게 된다. 죽음은 비움이요, 탄생은 채움이다. 남아시아에서 일어난 거대한 지진과 해일도 결국은 자연의 거대한 비움과 채움의 현상이라 할 수 있다.

지금 우리나라도 야단이다. 자연은 비움만이 늘어나 멸종의 위기에 처해 있고, 자식을 낳지 않아 인구감소의 비상이 걸리기 시작했다. 인간의 수명도 적당한 시기에 비웠으면 한다. 그래야 제대로 채울 수가 있지 않을까. 모든 생태계도 인간의 끝없고 무한정한 채움의 욕심 때문에 거덜 나고 있다. 1년에 지구상에서 200여 종이 멸종되고 있다고 한다.

7할쯤 채우고 3할쯤 비워서 국물을 내 밥상 앞자리에 흘리지 않는 진리를 빨리 내 생활 전반에 터득한다면 고집멸도(苦集滅道)의 경지에 도달하지 않을까 한다.

아날로그와 디지털 사이에서

이윤기의 '이 시대의 문법'이라는 수필을 보면 시간에 관해서 미국인 노인과 작자와의 대화가 나온다.

미국 노인 : "몇 신가요?"

저자 : "6시 15분 전입니다."

미국 노인 : "당신은 고색창연(古色蒼然)한 영어를 쓰는군요. 이제는 그런 영어를 좀처럼 안 써요. 그 이유는 바늘 대신 숫자가 나오는 시계에는 '몇 분 전'이라는 게 있을 리 없지 않아요?"

아날로그시계의 문자판에는 과거, 현재, 미래는 있으나 디지털시계의 숫자 판에는 오직 '지금'뿐이 없다. 오로지 지금의 시각만 깜빡거릴 뿐 과거와 미래는 캄캄하다. 거기에는 5시 45분은 있어도, 6시 15분 전은 없다.

나는 20세기와 21세기, 두 세기를 넘나들면서도 최첨단의 디지털 문명에 선뜻 발을 들여놓지를 못한다. 다만 그 언저리에서 서성이는 주변인(周邊人)이고 회색인(灰色人)이다. 그만큼 디지털 문화에 익숙하지 못하고 좀 두려워한다고 해도 과언이 아니다. 광석 라디오, 진공관, 트랜지스터, LSI와 같은 고밀도 집적회로에 귀를 기울여 온 내가 디지털 기기에 금세 친숙해지기에는 상당한 시간이 걸릴 것 같다. 그것도 변화에 잘 적응하는 정치인 같은 기질이 아니기에 더더욱 그렇다. 정치인들은 말(言)도 잘 바꾸고 말(馬)도 잘 바꿔 타기를 서슴지 않는다.

21세기는 3D의 발전이 지배하는 시대라고 한다. 디지털(Digital), 디엔에이(DNA), 디자인(Design)이 주를 이룰 것이라고 한다. 디지털은 모든 전자정보통신 혁명의 기린아(麒麟兒)이고, DNA는 생명공학과 유전자 구조의 해독으로 무한한 신의 영역까지 넘보고 있으며, 디자인은 모든 산업발전기본으로 각광을 받고 있다.

현대는 온통 디지털 세상으로 급변하고 있다. 따라서 요즈음은 '디지털'을 들먹이지 못하면 행세를 못하는 시대로 빠져 들어가고 있다. 앞머리에 '디지털'이라는 수식어가 붙지 않으면 전근대적인 유물처럼 여길 정도이다. 디지털 통신, 디지털 냉장고….

이는 마치 2~3년 전에 교육현장에 불어 닥친 열린교육 풍토와 같다고나 할까. 한때 학교에서도 '열린'이라는 접두사(接頭辭)가 붙지 않으면 19세기 교육을 하는 것처럼 여겨질 때가 있었다.

참으로 우스운 이야기지만 열린 교실을 만든답시고 멀쩡한 교실과 복도 사이 벽을 허물어, 마치 장마철에 무논에서 개구리들 합창하듯 하여 수업을 못할 정도로 시끄러운 학교가 있었으니 신기루(蜃氣樓)가 따로 없는 것이다.

사실 나잇살을 꽤 먹은 기성세대는 디지털과 아날로그가 과연 무엇인지 잘 모른다. 그저 두루뭉술하고 어정쩡하게 감을 잡을 뿐이지 딱 부러지게 그것이 무엇인가를 잘 알지 못한다. 아니 알 필요조차 없이 급류를 탄 문명의 흐름에 어정쩡하게 휩싸일 수밖에 없다. 따라서 우리 낫살쯤은 어중간한 위치에서 서성거릴 뿐이다.

어느 책을 보니 디지털과 아날로그에 대해서 다음과 같이 간략하게 소개하고 있다.

통신을 예로 들면, 아날로그는 0.1, 0.2 등과 같이 연속된 물리량으로 보낸다. 그렇다 보면 0.2로 전송한 것이 0.3으로 왜곡될 수 있다고 한다. 음이 찌그러져서 들리는 LP판 같은 것이나 초침이 찰칵찰칵 움직이는 시계 같은 것이 아날로그이다.

디지털은 어떤 정보를 연속량으로 전송하는 것이 아니라 오직 0과 1의 수치로만 존재하기 때문에 정보가 왜곡되는 현상이 없다고 한다. CD판이나 숫자만 반짝이는 시계 같은 것이다.

그러나 나는 두 점만 깜빡거리고 오로지 현재의 시각만 충실하게 알려주는 디지털시계보다는 초침, 분침, 시침 3형제가 오순도순 앞서거니 뒤서거니 하는 아날로그시계에 더 애정이 감을 숨길 수가 없다. 그래서 나는 항상 아날로그시계만 차고 다닌다.

내가 아날로그시계를 좋아하는 으뜸 이유는 우선 시간(時間) 개념에 충실하다는 것이다. 과거, 현재, 미래 시간의 연속성을 가늠할 수 있으며, 현재 시간을 축으로 지나간 시간과 앞으로 다가올 시간의 여유들을 느낄 수 있다.

과거에 대한 회상, 미래에 대한 희망들이 존재하고, 그 시간들 속에서 상상할 수 있는 시간들이 아날로그시계에는 존재하고 있다고 생각하기 때문이다. 사람으로 말하면 먼 앞날을 내다보면서 나무를 심는 인생 같기도 하고, 일주일을 잘 살기 위해서 하루를 고생하는 사람들 같아서이다.

그러나 디지털시계는 오직 시각(時刻) 개념에만 충실하다. 디지털시계의 숫자 판은 오직 그 순간만을 나타내고 있기 때문이다. 요즈음 젊은이들처럼 과거나 미래는 없고 오직 지금 이 순간만 있고, 현재만 존재한다는 하루살이 같은 기분이 들기에 별로이다. 마치 하루를 잘 살기 위해서 일주일을 고생하는 인생과 같다는 기분이 들기도 한다.

이즈음 젊은이처럼 뒷일은 생각하지 않고 일을 저지르고 보는 스타일과 엇비슷하다.

이런 디지털식 사고에서는 "내일 비록 지구의 종말이 온다고 해도, 나는 한 그루의 사과나무를 심겠다"라고 한 스피노자의 말이 구시대의 유물이고 구닥다리 말이 된다.

디지털식 문화는 우리 사회에 만연(蔓延)되어 있고 팽배해 있다. 0과 1로만 처리하는 컴퓨터처럼 이분법적(二分法的) 사고가 판을 치고 있다. 내 편이 아니면 다 적이고 흑 아니면 백이며, 전라도 아니면 경상도 식으로 편 가르기 현상과 궤(軌)를 같이 한다. 이런 디지털식 사고 속에는 오직 0과 1만 존재하고, 0.1이나 0.09 같은 생각들은 다 0과 1로 뭉뚱그려 이분법적으로 처리되는 판쓸이식이 된다.

다수결의 민주주의 원칙이라는 미명하(美名下)에 과반수라는 합리적인 함정이 항상 도사리고 있다. 간신히 과반수 턱걸이를 하고도 전부 찬성한 것처럼 생각하는 발상이나 엇비슷하다.

우리나라 사람들이 아주 좋아하는 편 가르기 속성도 디지털식 사고이다. 핏줄끼리 가르고, 땅끼리 가르고, 학교끼리 가르고, 심지어는 종교끼리도 가른다. 0과 1의 기준에 따라 네 편과 내 편, 흑백 영화식으로 생각하고 행동한다. 그렇기 때문에 90%가 넘는 싹쓸이 지지율은 아날로그 애용자들에게 섬뜩하고 암담한 마음을 갖게 한다. 그들 사이에는

0과 1밖에 선택의 여지가 없기 때문이다. 또 그렇게 선택된 국회의원이 0과 1의 논리 때문에 4년 동안을 자동 거수기가 되어 입 한 번 제 목소리 내보지 못하고 앵무새처럼 시키는 대로 지껄이다 국회를 떠나는 의원도 부지기수이다. 이들도 다 디지털식 국회의원이다. 따라서 지금처럼 파행되는 국회는 디지털 버전이고, 우리 정치 현실의 디지털 비극이다.

이처럼 우리 사회 전반에는 디지털식 사고가 판을 치고 있다. 또 국민들이 0과 1로만 처리되는 디지털 사고에 길들여지고 있다는 데 더 위험을 내포하고 있다. 이런 곳에서는 창의적인 사고가 존재하기 어렵다. 프랑스 파리에 있는 건물들 하나하나 눈여겨보면 창문 하나 똑같게 한 것들이 없다는 데 나는 놀랐다. 자동차 백미러 하나도 선택 사항이라는 말은 더더욱 허투루 들어 넘길 수가 없었다.

문자도 일종의 디지털식 정보이다. 아무리 문자가 다양한 표현 수단을 가졌다고 하나 인간 심연(深淵)의 가슴 속 깊은 사상(思想)을 어찌 다 표현할 수 있을까?

가로수 느티나무도 어떤 녀석은 잎이 일찍 돋고, 어떤 녀석은 잎이 마디게[98] 돋듯 자연은 아날로그이다. 또 우리의 삶도 이상적(理想的)인 무한한 정보를 갖는 아날로그이다. 따라서 디지털은 우리 인생에서 현실적인 유한정보를 갖게 하는 수단이 되지 않을까 한다.

이 세상은, 우리 인생은 흑백영화가 아니다. 총천연색 영화이며, 또 디지털이 아니라 아날로그이다. 옛날 우리가 어렸을 적에는 참외도 가지가지였다. 개구리참외, 오이참외, 호박참외, 청사과와 백사과, 은참외, 개똥참외, 긴마까라는 일본 참외 등.

지금은 오직 한 가지 은성참외라는 노랑참외뿐이다. 다원화 · 다양

98) 마디다 : 자라는 속도가 더디다, 쉽게 닳거나 없어지지 아니하다.

화 시대에 살고 있는 우리들이 어찌 보면 지금이 옛날보다도 획일화 되고 디지털화 되고 있다. 남이 물들이면 나도 물들이고, 남이 뚫으면 나도 뚫고, 남들이 핸드폰을 꺼내 들면 나도 꺼내 들고.

디지털 통신망으로 타고 온 전화는 사람에게 전달되려면 아날로그 음성으로 다시 바꾸어야 한다. 그래서 음악 마니아들은 0과 1로 처리되는 디지털 기계음적인 CD판보다는 조금 긁히고 찌그러지는 0.1, 0.7 등의 아날로그 LP판과 진공관 앰프를 선호하는 경우도 있는 것이다. 그들은 아주 깨끗하고 잡음이 없는 CD보다는 좀 잡소리가 나지만 인간 냄새가 나고, 디테일(階調)하기 때문이라고 LP를 고집하는 이유를 내세우고 있다.

인간 사회란 다양성과 더불어 조화롭게 살아가는 것이 아닌가 한다. 요즈음 흔히 말하는 '왕따' 현상도 디지털식 사고의 산물이라 할 수 있다. 그들은 서로 다름을 인정하지 않기 때문에 오직 내 편이 아니면, 내 생각이 아니면, 다 적이고 남이라는 생각을 하기 때문이리라.

5년이라는 디지털식 코드 인사(人事)에 넌덜머리난 국민은 아날로그식 정치를 선택했을는지 모른다.

아직도 나는 성큼 디지털 문화 속으로 빠져 들어가지 못하는 주변인이다. 21세기 문명의 경계선에서 서성이는 그런 존재이다. 사실 나는 "뿅뿅 삐삐"거리는 오락실에서 나는 전자 기계음이 듣기가 싫다. 나는 디지털 문화의 영원한 방랑자가 될지도 모른다. 그저 디지털은 내가 살아가는 과정 중에 한 수단으로서 유용성을 즐겨 이용하고 있을 뿐이다.

"디지털의 출발과 종착역은 분명 아날로그이다"라는 말을 의미심장하게 받아들인다. 우리는 아날로그로 태어나 아날로그로 생을 마감하는 존재이기 때문에 나는 언제나 아날로그 인생으로 살아갈 것이다.

인생은 시간의 연속량이기에 0과 1로 뭉뚱그려 뛰어 넘는 디지털식 사고가 아니라 0.9에서 1까지도 차근차근 되짚고 넘어가야 하는 나의 삶이기에….

이는 흡사 세탁기 빨래는 디지털식이고, 손빨래는 아날로그식이다. 세탁기 빨래는 빨랫감들을 0과 1로 분류하는 유한한 빨래라면, 손빨래는 눈여겨봄에 의해 더 많이 더러워진 부분을 더 비벼 빨 수 있는 무한한 것이라 할 수 있다.

그런 것을 보면 웬만한 것은 손빨래로 해야 직성이 풀리는 우리 누나는 전형적으로 아날로그식 삶을 살아가는 여인네이다.

틈이 있어야

사람들은 가면 갈수록 예전보다 모든 일에 틈이 없다고 한다. 사람을 편리하게 하는 과학 문명이 발전하면 할수록 틈이 더욱 넓어져야 하는데 그러하지 못하다고 느낀다. 어찌 보면 짬이 없다는 말과 일맥상통한다.

'틈'이라는 말에는 공간성과 시간성을 내포한다. 거기다가 관계성과 기회성까지 포함한다. '틈나는 대로'라고 하면 시간성과 기회성을 의미하지만, '틈바구니' 하면 공간성과 관계성을 뜻하기도 한다.

갈수록 모든 면에서 틈 없는 생활로 변해가고 있다. 하루가 다르게 쏟아져 나오는 정보통신의 혁명, 0과 1의 수치로 완벽을 기한다는 디지털 문화의 눈부신 발전은 우리에게서 '틈틈이'라든가 '자투리, 에누리, 덤'이라는 여백 문화들을 하나 둘씩 앗아가고 있는 것 같다.

사실 모든 관계에게는 틈이 있게 마련이다. 하찮은 나사에도 틈을 주기 위해서 보조 링을 끼우기도 하고, 단추 하나를 달아도 옷과 바짝 붙여 다는 것이 아니라 실로 단추와 옷 사이에 틈을 주어야 오래 갈 수 있는 이치나 마찬가지이다. 자동차의 타이어 바퀴도 너무 조이면 결국 자동차에 이상이 오는 수가 있으니 너무 조이지 말라는 안내문이 있다. 이렇듯 사람과 사람, 사람과 사물, 사물과 사물 사이에는 그에 걸맞은 적당한 틈바구니가 있어야 한다.

옛날에는 농사도 틈이 있게 지었지만, 지금은 틈 없이 완벽하게 지으려고 한다. 예전에는 농약이나 금비를 적게 주었기 때문에 미생물이나 작은 동식물들이 같이 더불어 사는 틈 관계가 있었지만, 지금은 과학을 이용한 완벽한 농사법으로 생물들이 서로 살 틈을 주지를 않는다.

퇴비나 똥, 오줌, 재 등의 유기질 거름을 많이 쓰고, 김매기를 하던 때는 흙 속의 각종 미생물과 곤충이나 작은 동물들이 공존하면서 살았다. 그러나 제초제나 농약을 많이 쓰는 지금은 그런 동식물이 멸종되다시피 한다. 작물의 걸림돌이 되는 잡초들은 없어지지만 논의 미꾸라지, 우렁이, 메뚜기 등은 씨를 말리고 멸종되어 가고 있다.

지금의 시골 논에도 유기농이 아니면 개구리가 울고, 메뚜기가 뛰고, 우렁이가 기어 다니는 모습은 어디에서든지 찾아볼 수 없다. 이렇듯 잡초를 제거하기 위해서 사용하는 제초제나 농약은 다른 생물들이 살 틈을 주지 않는다. 오직 논에는 벼만 살 수 있는 환경만 조성되고 있다.

요즈음 백화점이나 현대 시장에 가 보면 대개는 정찰제이다. 이런 정찰제에는 에누리와 덤이 별로 없게 마련이다. 에누리와 덤은 시장을 오고 가는 일종의 사람과 사람 사이의 틈이다. 가격에는 틈바구니가 있어 사는 사람과 파는 사람이 그 틈바구니 사이를 오고 가며 어느 정도 줄다리기를 하는 곁이 있다.

우리 생활들이 서구의 가격 합리주의의 빌미인 정찰제로 말미암아 틈이 있는 덤과 에누리가 하나 둘 사라져 가고 있다. 그래서 나이가 든 분들은 틈이 있는 재래시장을 일부러 찾아다니며 향수를 달래기도 한다.

지금은 콩나물 한 줌을 사도 앉은뱅이저울에다 달랑 얹어 놓고 정량적인 눈금을 확인하는 상거래로 변해 가고 있다. 그전처럼 손으로 대충 집어 주거나 덤으로 한 줌 더 얹어 주는 손끝의 틈이 있는 그때와는 사뭇 다르다. 너무 에누리를 한다느니, 덤을 더 달라느니 하는 실랑이도 현대 문명의 꽉 조인 뒤안길로 점차 사라져 가고 있다. 이렇게 어디서나 우리의 생활이 정확히 계산적으로 틈 없이 이루어지고 있다.

우리의 수치(數値) 문화는 원래 서양처럼 이성적이거나 합리적인 정확성과 객관성이 적었다. 파를 사 오더라도 몇 뿌리 정확하게 사 오는 것이 아니라 대여섯 뿌리를 사 오고, 몇 시간 몇 분이 걸리는 것이 아니라 서너 시간이 걸리는 것처럼 틈이 있는 시간성과 공간성을 가진 민족이었다. 그래서 우리 조상들은 정량적(定量的)이라기보다는 손과 눈과 마음에 의한 정성적(定性的)인 여유와 틈이 있는 우리만의 수치를 사용했다. 따라서 에누리와 덤이라는 틈이 있게 마련이다.

우리나라 식품을 대표하는 세계적인 식품인 김치는 서양인처럼 계량적으로 고춧가루 몇 *ml*, 소금 몇 숟가락, 젓갈 몇 g을 넣어서 만드는 식품이 아니다. 오랫동안 덤과 에누리 틈 사이를 오고 가며 손끝, 눈대중, 마음으로 담가서 맛을 내는 우리만의 식품인 것처럼 말이다.

과학의 비약적인 발전으로 인간은 시간적·공간적인 여유가 수치적으로 그전보다 많아졌다. 그런데 대개의 사람들이 갈수록 틈이 없다고 하는 이유는 무엇일까?

우리나라 속담에 "물이 너무 맑으면 고기가 살 수 없다"라는 말이 있다. 디지털 문화와 같이 정확한 시각과 시간, 기계적인 정확한 소리, 또 원색에 가까운 선명한 색의 재현 등은 별로 틈이 없다. 과학 문명

발전이 결국 틈을 잃어버리고 기계처럼 돌아가는 삶의 시간들 때문에 더욱 그런지도 모른다. 원래 기계란 한 치의 오차도 인정하지 않는 문명의 산물이다. 더구나 20, 21세기 문명의 경이로운 선두 주자인 컴퓨터는 티끌만한 틈과 오차를 거부하고 완벽을 기하는 괴물이다. 이 컴퓨터는 인간을 완벽하게 시간과 공간 속에 가두어 놓는다. 핸드폰이 우리를 시간적·공간적으로 시도 때도 없이 구속하는 문명 이기인 것처럼 말이다. 사람도 그렇다. 이마를 찔러도 피 한 방울 안 나올 사람이라든가, 새알을 멜빵에 멜 사람이라는 소리를 듣는 사람은 틈이 별로 없는 사람이다. 대개 이런 사람들은 흔히 말하는 인간미가 별로이기 마련이다.

결국 기계적으로 살아간다는 말은 틈 없이 살아간다는 말과 엇비슷하다. 우리들 속으로 마구 쏟아져 나오는 정보 통신의 홍수는 우리 마음의 틈새기나 틈서리를 앗아가고 있다.

마음에도 생활의 틈이 있어야 한다. 틈틈이 사람과 사람, 사람과 사물, 사물과 사물 사이에 가 볼 수 있는 틈이 있어야 하건만, 가면 갈수록 틈이 없이 완벽을 추구하는 기계에 매달려 있기 때문에 우리는 틈이 없고 인정이 메말라 가고 있다.

또한 수많은 정보도 잊어버릴 때는 잊어버려야 여러 가지 관계의 틈이 생기게 마련이다. 너무나 많은 정보의 저장은 우리 정신세계에 틈이 없게 만든다. 그러면 다른 관계를 유지하는 데 문제가 생기게 마련이다. 프랑스의 기호 철학자 푸코의 말처럼 "너무나 많은 정보는 없는 것이나 마찬가지이다"라는 말처럼 말이다.

정치인들은 '마음을 비운다'라는 말을 자주 한다. 마음을 비운다는 뜻은 무엇인가 꽉 차 있는 마음에 틈바구니를 만들겠다는 말이다. 종교인들도 대동소이하다. 그들의 마음속에는 자기의 생각이나 소원들로 가득 차 있기 때문에 정작 그들의 신이 들어갈 자리가 없는 경우가 허다하다. 신이 들어가 있어야 할 자리에 신이 들어가 있지 않고 잡동사니가 차 있다면 소위 그들이 말하는 기복신앙이거나 우상화일 것이다.

이번 제16대 국회의원 선거에도 예전처럼 경상도나 전라도는 지역적인 싹쓸이로 일관했다. 그곳에는 어떠한 사람들도 한 치 끼어 들 수 있는 틈이 있을 리 없다. 남들에게 한 치의 곁을 주지 않는 사람들이 어떻게 전 국민을 대표하는 국회에서 대의 정치를 할 수 있을까 생각해 본다. 90%를 훨씬 넘는 섬뜩한 지지율은 찔러도 피 한 방울 안 나오는 틈이 없는 정치 현실에 우리는 그저 아연한 암담함을 느끼게 된다.

쥐도 도망갈 구멍을 만들어 놓고 쫓아야 한다. 한 치의 틈도 주지 않는 빡빡한 사람들이 어떤 여유라는 관계를 가질 수 있나 가늠해 본다. 우리는 잊어버리기도 하고 실수도 하는 존재이다. 또 나와 남이 다른 존재임을 인정해야 하고, 또 남을 인정해야 내가 인정을 받을 수 있는 것이다.

우리의 사회나 정치 현실은 남을 인정하지 않으려고 한다. 지연, 혈연, 학연, 종교연 등 오직 같은 색을 칠하려 하고 같은 색끼리만 살려고 발버둥을 친다. 그래서 다른 색이 들어갈 틈새기조차 없다. 세상은 흑백이 아니라 총천연색이라는 것을 간과하기 때문이다.

원래 인간이 불완전하다는 것은 틈이 많다는 이치나 같다. 콩과 좁쌀을 담은 그릇에다 물을 부으면 콩에는 물이 많이 들어가고 좁쌀에는 물이 적게 들어간다. 좁쌀은 틈이 작기 때문이다. 사실 여러 가지 편가르기가 존재하는 사람은 좁쌀 같은 사람들이 하는 짓거리이다.

틈은 우리 삶의 윤활유이다. 자동차도 엔진오일, 기어오일 등 각종 윤활유를 집어넣어야 잘 굴러갈 수 있다. 기름을 친다는 것은 바로 틈이 있는 것을 인정하는 것이다. 틈이 있기에 기름이 들어갈 수 있다.

우리나라 사람들이 세계적으로 인증 받은 '빨리빨리'의 조급증은 틈 없는 생활에서 비롯되었다. 원래 우리 민족은 미작 중심의 농경민족이기 때문에 쌀미(米) 자가 의미하듯 88번이나 손을 거쳐야 쌀 한 톨을 얻을 정도로 바지런을 떨어야 살 수 있는 시절을 지나왔다. 시기를 잠시 놓치면 그해 농사는 망치기 마련이다. 그래서 농경의 적시를 생활하기 위해 생긴 것이 24절후이기도 하다. 그렇지만 옛 사람들은 그런 바쁨 중에서도 틈이 있는 생활을 했던 인정이 많은 민족이었다. 논두렁에서 곁두리를 먹다가도 지나가는 사람을 불러다 먹일 정도로…. 그런데 그전보다 더 잘 살고 더 시간이 남았건만 인정은 점차 엷어지고 틈은 점점 좁아지고 있다.

어느 대학 교수가 한 "인정은 국민 소득에 반비례한다"라는 말이 허투로 한 말이 아니다. 삶의 만족지수가 우리보다 훨씬 못 사는 필리핀이 더 월등한 것만 보아도 알 수가 있다.

우리들이 줄을 서지 않고 차례를 지키지 않는 것도 마음의 틈이 부족하기 때문이다. 서양화는 틈 없이 꽉 차게 그리지만, 한국화는 틈을 더 많게 하여 여백의 아름다움을 살려서 그린다. 이것도 우리 민족이 원래 지녔던 마음의 표현이다.

유리창 문은 공기 한 방울 드나들 수 없지만, 창호지 문은 공기가 드나들 수 있는 미세한 틈새가 있다고 한다. 우리 토기인 항아리는 숨쉬기를 하는 틈이 있다고 한다. 예전의 아낙네들은 물동이에다 물 긷기를 할 적에 꽉 차게 담는 것이 아니라 칠 홉쯤 담아서 여유를 두고

길어다 붓는 틈의 여유를 가지고 살았다. 가을의 감나무도 감을 다 따는 것이 아니라 새들 먹이로 까치밥 몇 개쯤을 우듬지에다 달아두는 틈과 여유의 심성적인 문화를 가졌었다.

모든 관계는 틈이 있어야 한다. 인간과 인간, 사물과 인간, 사물과 사물 사이에 틈이 있어야 한다.

한 치의 여유도 주지 않고 바싹 다가붙이는 자동차, 그 운전자의 틈 없는 꽉 조인 마음을 가진 사람들에게, 칼릴지브란은 '분리되어 있음의 지혜'에서 "그리고 함께 서라 / 너무 가까이는 붙어 서지는 말라 / 사원의 기둥들은 / 떨어져 있어야 하며…"라고 우리에게 말하고 있다.

소의 여유 있는 되새김질, 병아리도 물 한 모금 먹고 하늘 한 번 보는 여유로운 틈, 백수의 왕 사자도 배가 안 고프면 다른 동물을 잡아먹지 않고 다른 동물이 먹이를 먹게 해주는 틈바구니….

0과 1의 디지털 문화 속에서 0.3이나 0.7의 아날로그 문화는 뒷자리로 물러가지만, CD보다는 LP를 원하는 소리가 있듯, 우리는 틈과 틈을 넘나들 수 있는 지혜를 잃지 말았으면 한다.

무엇이든지 너무 꽉 조이면 부서지게 마련이다. 우리는 복잡한 현실에서 너무나 틈 없이 살아가서 스트레스를 받아 부서지는 사람들을 종종 보게 된다.

인디언의 말에 이런 말이 있다.

"인디언들은 말을 타고 달리다가 가끔 말에서 내려 뒤를 돌아다본다. 너무나 빨리 달려서 혹시나 뒤따라오지 못하는 자기 영혼을 기다리기 위해서란다."

그간 우리나라는 고도의 압축 성장을 하여 왔기 때문에 뒤따라오지 못하는 우리 영혼들을 기다릴 틈조차 없었다. 틈이 없었기 때문에 편협하거나 배려와 관용, 용서에 인색하지 않았나 한다.

"너무 깔끔 떨며 키워도 잔병치레가 많다"고 귀띔하던 옛 할머니의 말씀이 그냥 해본 말이 아님을 의학적으로 제기되었다. 이탈리아 소학과 콘퍼런스에서 "지나치게 깨끗하게 키운 아이들이 오히려 알레르기 병원균에 대한 항체를 얻지 못한다"라고 주장했다.

이 또한 틈 없이 완벽한 청결성은 결국 면역력을 약하게 만드는 것이다. 너무나 틈이 없고 완벽한 위생 관념은 건강을 해칠 수 있다는 경고이기도 하다.

이제 우리는 틈나는 대로, 틈틈이 자신의 영혼을 기다리는 틈과 남에게 배려하는 여유를 되찾았으면 한다. 바쁠수록 돌아가라는 말이 현대를 허겁지겁 살아가는 우리에게 의미심장한 말로 다가옴을 생각해 보자.

눈병 때문에 얻은 깨달음

지금은 어엿한 직장인이 된 딸아이가 초등학교 5학년 때였다. 한창 더위가 기승을 부리는 여름의 7월, 딸아이는 그 해 수영장 문턱에도 가보지 않았는데 어디서 옮아왔는지 눈이 충혈되기 시작하였다. 우리 집에서는 그 아이가 눈병을 앓을 뚜렷한 원인을 찾을 수 없었기에 대수롭지 않게 여기고 약국에서 안약을 사다가 눈에 넣어 주었다.

그런데 딸아이의 눈은 더욱더 붓고 충혈이 되었으며, 모래알이 눈에 들어간 것 같다는 고통을 호소하였다. 그제야 우리 부부는 가벼운 눈병이 아니라는 것을 느끼고 부랴부랴 안과 전문의를 찾아가 진찰을 하였다. 그 즈음 한창 유행하고 기승을 부리던 '유행성 각막염'이라는 눈병이었다.

안과에는 그런 환자들이 발을 디뎌 놓지 못할 정도로 바글바글하였다. 게다가 안과는 내과 치료처럼 며칠 만에 오는 것이 아니라 매일매일 치료를 받아야 했다. 안과 전문의는 환자가 주의해야 할 점과 집안 식구들이 조심할 점에 대해서 이야기해 주었다. 수건이나 대야, 세면대 등을 같이 쓰지 말 것 등을 당부하였다. 딸아이의 눈병은 열흘 이상을 치료받고서야 조금씩 가라앉기 시작하였다.

집에서는 안과에서 주의시켜 준 것에 대해서 우리 나름대로 조심조심을 하였지만, 딸 아이 눈병이 수그러들 무렵 아들 녀석의 눈이 갑자기 퉁퉁 붓기 시작하였다. 또다시 10여 일 정도를 하루도 빠지지 않고 병원을 다녔다. 그제야 충혈 된 눈이 가라앉기 시작하였다.

이제야 그 지겨운 유행성 각막염이 우리 집을 떠났다고 생각하면서 한시름 놓고서 두 아이의 눈병 예후를 위해 신경을 쓰고 있을 즈음, 덜컥 집사람의 눈에 그 지독한 눈병이 옮아간 것이다. 집사람도 열흘 동안을 하루도 결석하지 않고 치료를 꼬박꼬박 받고서야 눈의 이물질감이 줄어들고 벌건 것이 삭아 들기 시작하였다.

유행성 각막염이라는 눈병 때문에 우리 집은 황금 같은 여름방학 내내 온통 비상이 걸렸다. 나는 세 식구가 심하게 앓는 것을 간호하고 뒤치다꺼리를 하면서 내심 겁이 더럭 났다. 나도 걸리면 어떻게 하냐 하는 불안감과 두려움이었다. 내 눈이 근질거리는 것 같기도 하고, 눈이 조금만 충혈 되어 걱정이 앞섰다. 그래서 집사람이나 아이들이 쓰고 남은 병원에서 준 안약을 사전 예방 차 눈에다 가끔 들어붓곤 하였다.

그런 눈병 난리를 치른 여름방학 끝자락에 2박 3일의 남해 답사 여행 계획이 생겨서 거제도로 나 혼자 떠났다가 돌아오는 마지막 날이었다. 여관에서 잠을 자고 나니 눈이 뻑뻑하고 아무래도 조짐이 이상하였다. 나는 그저 여행 일정이 빠듯하고 피곤하여 그러려니 하였다. 그런데 그게 아니었다. 눈이 퉁퉁 붓고 통증이 오며 모래알이 들어간 것처럼 서걱거려서 답사 여행의 마지막 일정을 제치고 총총히 귀가하였다. '아차! 안과 전문의가 환자가 쓰는 안약을 같이 사용하지 말라고 했는

데, 그래서 그런 것이 아닌가?'

부랴부랴 우리 집 식구들이 줄줄이 다녔던 단골 안과에 가서 진찰했더니, 역시나 우리 세 식구가 한 달 이상 북새통을 쳤던 유행성 각막염이었다. 나도 꼼짝달싹 못하고 10여 일 이상을 저녁 퇴근 후에는 안과로 출근하였다. 우리 집 네 식구들이 조르라니 눈병 치료를 받느라 치료 작전에 돌입한 지 50여 일 만에 눈들이 안정과 평화를 되찾았다.

그 일을 겪고 나서야 유행성 각막염의 무서움을 깊이 깨달았다. 더구나 더 큰 문제는 눈병을 앓고 있는 동안에 앞이 잘 안 보이니 불편이 이만저만이 아니었다. 그 눈병은 참으로 희한하였다. 눈병의 바이러스들도 일말의 양심이 있었는지, 두 눈이 동시에 발병하는 경우는 드물고 한 눈이 발병을 시작하여 다른 눈으로 옮겨 붙었다. 그러니 안대도 걸쳐야 하고, 퉁퉁 붓고, 충혈 되고, 눈곱이 끼고, 눈동자가 서걱거리니 두 눈이 동시다발이었으면 생각만 해도 끔찍하다.

그 후부터 우리 집에서는 유행성 각막염에 대해서는 철저히 경계하였다. 우선 눈병을 옮아올 그런 장소에는 되도록 출입금지를 시켰다. 여름철 사람이 득시글거리는 풀장에는 아예 가지를 않았다. '구더기 무서워 장 못 담근다'라는 우리나라 속담이 있지만, 너무나 심한 눈병 치레를 하였기 때문에 어쩔 수 없었다.

그런데 우리 집 온 식구들을 여름방학 내내 못살게 굴었던 눈병 귀신들의 요동은 안과 치료로 끝난 것이 아니었다. 그 녀석들은 우리 집 식구에게 더 큰 고통을 안겨 주고 떠나갔다. 시력들이 급격히 저하된 것이다. 나와 아들 녀석은 원래부터 안경을 썼었지만, 집사람과 딸은 안경을 쓰지 않을 정도로 눈이 싱싱하였다. 딸이 눈병을 앓고 나서 갑자기 눈이 침침하다 하여 그 안과에 가서 진찰한 결과, 유행성 각막염을 너무나 심하게 앓아서 시력이 저하됐으니 안경을 써야 한다는 처방전을 내밀었다. 그것도 우리 딸은 한창 자라는 나이라서 6개월마다 정기적으로 시력 측정을 하고 안경알을 바꾸어야 한다는 곁두리 말과 함께 더더구나 나를 걱정케 하는 말은 고등학교 끝날 때까지 점점 나빠질 것이라는 겁나는 말과 함께 말이다.

이렇게 해서 우리 네 식구는 온통 다 눈 자전거 가족이 되었다. 아들 녀석은 가끔 가다가 안경을 부셔 먹는 경우가 적지 않고, 딸은 수시로 시력 교정을 하니 눈 자전거를 수리하고 교체하는 데 적지 않은 경비가 지출되기도 하였다.

문제는 거기서 끝난 것이 아니다. 딸아이는 안경 쓴 것이 싫다고 콘택트렌즈와 겸용해서 쓰고 있다. 콘택트렌즈를 처음 끼던 날, 오자마자 한 짝을 잃어버려서 그 길로 다시 가서 구입하는 소동을 벌이기도 하였다. 가끔가다가 교체도 해야 하고 식염수다, 세척제다 하여 쏠쏠히 돈을 알겨 간다. 가끔 가다가 신문지상에 오르내리는 콘택트렌즈에 대한 기사를 읽으면 간이 서늘해지는 경우가 있다. 콘택트렌즈를 잘못 착용하면 실명이 될 수 있다는 끔찍한 기사가….

그러나 유행성 각막염 그림자는 그것으로 우리 곁을 완전히 떠난 것이 아니었다. 혼기를 앞에 둔 딸아이는 눈 수술을 하여 시력을 정상적으로 되찾겠다는 선전포고를 우리에게 한 것이다. 한 마디로 눈 자전거에서 벗어나겠다는 것이다.

문제는 자기가 벌어서 수술을 했으면 좋겠는데 그게 아니었다. 자기 눈이 이렇게 된 것은 어렸을 적에 된 것이니, 눈 관리 책임을 지어야 할 부모의 책임이라는 것이다. 한 마디로 부모의 관리 소홀로 한두 푼이 아닌 수백만 원이나 드는 눈 수술비를 전적으로 부모가 지불해야 할 의무가 있다는 당당한 요구이다. 우리 부부는 얼토당토않은 요구라고 항변하지만, 그 아이 말대로 수긍 가는 점이 있기도 하기 때문에 지금 바야흐로 한창 협상 중이다. 과연 눈 수술이 꼭 필요한가. 만약 수술을 하면 수술비의 분담을 어떻게 할 것인가. 마치 노동자와 기업주와의 협상처럼 말이다. 거기다가 부실한 쌍꺼풀 수술까지 묶어서 협상 종목으로 내걸고 있으니….

사람의 다섯 가지 감각기관 중 어느 하나 중요하지 않은 것이 없겠지만, 눈은 특히 몸과 마음이 직결되는 아주 소중한 기관이다. 의사들이나 사람들은 건강의 이상 신호를 눈에서부터 발견하는 경우가 허다하다. 간이 나빠서 오는 황달기는 눈에서부터 감지되고, 당뇨, 고혈압 등의 병세를 일차적으로 체크하는 곳도 눈이다. 또한 피로해도 우선적으로 눈부터 오고, 늙는 징조의 첫 출발지도 눈부터 시작된다.

어려서부터 책읽기를 많이 즐겨한 나는 중학교 때부터 근시 안경을 쓰기 시작하였다. 어느 날 갑자기 눈이 침침하더니 글씨가 잘 안 보이기 시작하였다. 책을 보려면 안경을 벗어야 잘 보일 정도였다. 안과에 갔더니 노안 증세까지 겹쳐서 돋보기까지 걸쳐야 한다는 것이었다. 이제는 안경 두 개를 번갈아 벗었다 썼다 하면서 살아가고 있다. 내 나이에 더 좋아질 리는 없고 옛 어른들이 늙음의 조짐은 눈부터 온다는 말이 하나도 그른 말이 아님을 실감하게 된다.

눈은 무엇보다도 사물을 보고 받아들이고 생각하게 하고, 글도 읽게 하여 사고하고 판단하게 하는 가장 중요한 우리 몸의 감각기관이라는 것이다. 예로부터 백문이불여일견(百聞而不如一見)이라고 하였다. 그래서 그런지 조물주는 잘 보고 잘 듣고 말을 신중하게 하라고 눈과 귀는 2개, 입은 1개를 만들어 놓은 것 같다.

흔히들 눈은 마음의 창문이라고 한다. 인간의 마음이 밖으로 나타나는 곳이 바로 눈이다. 입도 그렇지만 마음과 다르게 말할 수 있다. 눈은 마음을 거짓으로 나타내지 못한다. 자신의 마음을 밖으로 내비치는 창이고, 또 밖의 것들은 내 마음으로 받아들이는 창이다. 한창 인기 절정이었던 TV 연속 사극 '허준'을 보면 가장 으뜸으로 치는 의사는 심의(心醫)라고 해서 심안(心眼)을 중요시 여기고 있다. 또한 우리의 감정이나 마음이 진심으로 나타나는 곳이 눈이다. 슬플 때 울고, 기쁠 때 웃고…. 다른 것은 다 속일 수 있어도 눈은 속일 수가 없다.

나는 아이들의 눈을 가장 좋아한다. 그것은 아이들의 눈일수록 더 맑고 밝으며 초롱초롱하여 마치 천국이 그들 눈 속에 잠긴 것 같다. 그들은 속세에서 찌들고 더럽혀진 어른들 마음의 눈부처이다. 그들 눈동자 속에 비친 나를 보면 어떨까? 내 눈 속에 들어온 눈부처는 동심의 눈부처이다. 어린이들의 눈은 풍진(風塵) 세상에서 풍찬노숙(風餐露宿)하는 우리 어른들에게 어머니의 고향으로 이끄는 마중물이다. 펌프에다 마중물을 한 바가지 넣고서 펌프질하면 지하에 숨어 있는 물들을 끌어올리는 마중물처럼 말이다.

그러므로 부모들은 아이들 눈이 건강하게 잘 자라도록 해야 할 것이다. 육안(肉眼)이나 심안(心眼)을 튼실하게 키워서 어렸을 적부터 눈을 소중히 여기는 생활 자세를 키워야 하겠다.

사실 우리나라 사람들은 보신(補身)을 위해서라면 자기 조상 할머니의 곰 쓸개즙을 생으로 빨아먹거나 곰발바닥을 구워 먹는 기행(奇行)을 서슴지 않지만, 눈 보신을 위해서 애썼다는 이야기는 들어보지를 못했다.

눈은 마음의 창이고, 몸의 창이다. 따라서 그 창문이 깨지지 않도록 평소에 잘 관리를 하고, 때가 끼지 않도록 닦기도 잘하여야 할 것이다.

또 마음의 창문을 활짝 열어 놓아야 한다. 열어 놓아야 할 때 열어 놓지 못하고 쓸데없는 곳을 열어 놓는 사람도 많다.

유행성 각막염이 우리 집을 뒤흔들고 나가면서 나에게 남겨 준 좋은 버릇이 있다. 그것은 밖에 나갔다 들어와서는 반드시 손을 깨끗이 씻는 버릇이다. 나는 식구들 보고 손을 씻으라고 잔소리를 수시로 해댄다.

"유소득(有所得)이면 필유소실(必有所失)이요, 유소실(有所失)이면 필유소득(必有所得)이라"라는 말처럼 "얻는 것이 있으면 반드시 잃는 것이 있으며, 잃는 것이 있으면 반드시 얻는 것이 있다"는 옛 사람의 말이 하나도 허투루 한 말이 아니라는 것을 지명(知命)을 넘어선 나의 눈이 나에게 깨우쳐 준 말이다.

철이 없다

흰눈이 펑펑 내리고 칼바람이 살을 에는 듯한 한겨울에도 딸기를 먹는다. 딸기는 제법 단맛이 흥건히 돈다. 옛날이면 엄두도 못 냈을 일이다.

어디 딸기뿐인가. 토마토, 수박, 참외, 오이 등 제철과는 상관없이 우리 식탁에 먹을거리로 올라온다. 심지어는 냉이나 달래, 취나물까지도 사시사철 우리 식탁을 점령한다.

우리의 먹을거리는 전천후 시대에 접어든 지 오래다. 채소, 나물, 과일 등 웬만하면 다 구해서 먹을 수 있다. 어디 그뿐인가. 수산물도 양식업의 발달과 냉동기술의 발전으로 시도 때도 없이 구해서 먹을 수 있다.

우리나라의 대표적인 여름철 별미와 보양음식이던 보신탕도 사계절 음식으로 등장한 지 꽤 오래다.

모든 것들이 계절을 잃어버리거나 잊고 있다. 제철이 없다. 철없이도 먹을 수 있다. 철이 없어진 지 오래다.

기후도 온난화 현상으로 제 규칙을 찾지 못하고 날뛰고 있다. 삼한사온의 현상도 뒤바뀐 지 오래이다. 폭우, 폭설이 갑자기 내리고 한

겨울철에도 비가 심심찮게 내린다. 어찌 보면 자연현상도 질서를 찾지 못하고 방황하고 있는 것 같다.

이즈음은 철이 없다. 특히 인간의 기본적인 욕구인 의식주에서 두드러진다. 철이 없다는 이야기는 철이 들지 않았고, 철모르는 일이기도 하다.

농경사회에서는 '철이 들었다'라는 말이 매우 의미심장한 말이다. 농사지을 때를 아는 것이니 대단히 중요한 것이다. 그래서 우리말에는 철과 관계되는 말들이 많다. "철이 들었다. 철을 안다, 철이 지났다. 철딱서니 없다, 철을 모른다" 등. 다 우리 일상생활과 깊은 관계를 가지고 있는 말이다.

'철을 안다, 철이 들었다'라는 말은 농사짓는 절기를 안다는 것으로 어른이 되었다는 의미를 내포하고 있다. '철이 없다'라는 말은 아직도 어린애라는 뜻으로 농사를 맡아 지을 나이가 안 되었다는 뜻일 게다.

이제나저제나 동서양을 막론하고 젊은이들은 철이 없다고 한다. 지금은 아이들이나 어른들이나 철이 들지 않은 사람들이 지천이다.

누군가 그랬다. 요즈음은 철이 없는 음식을 먹기 때문에 철없는 아이들이 늘어만 간다고 한다. 지금은 한 겨울철에도 딸기, 수박을 먹을 수 있다. 제철 음식을 제대로 먹는 것이 아니다. 어느 때고 아무 지방의 먹을거리를 먹을 수 있다.

철이 들고, 철을 안다는 것은 제 때를 기다릴 줄 안다는 것이다. 딸기를 먹기 위해서는 이른 여름까지 기다리고, 수박이나 참외를 먹기 위해서는 뜨거운 여름을 기다려야 한다. 기다린다는 것은 절기에 따라 씨앗을 뿌리고 가꾸며, 거둠의 시기를 안다는 것이다. 이는 자기 논밭을 책임지고 경작할 수 있는 어른이 되었다는 뜻이다. 그래서 느긋이

때를 기다릴 줄 안다.

그런데 전천후 시대에 접어든 지금은 아니다. 철이 없고 철을 잘 모른다. 그러니 언제 어디서나 철과 관계없이 구할 수 있기 때문에 기다리지 못한다.

그들은 속전속결을 좋아한다. 마치 인스턴트식품이나 패스트푸드를 즐겨하는 것처럼 말이다.

지금은 철없는 아이들뿐만 아니라 철없는 어른들도 부지기수이다. 캥거루족처럼 부모 그늘 밑에서 철모르고 사는 젊은이들도 늘어나는 것이 세계적인 추세라고 한다. 철을 모르니 책임지기를 기피하거나 두려워한다.

토산토법(土産土法) 신토불이(身土不二)라 하듯 "그 지방에서 나는 제철 음식"이 최고이다. 지금은 전천후 농업으로 제철을 무색하게 만들고, 교통통신의 눈부신 발달로 제 지방을 따로 없게 만들고 있다. 더구나 우리나라처럼 작은 땅덩어리에서는 사방팔방 사시사철 같은 음식들이 널려 있다.

바깥 땅에서 한겨울 모진 추위를 지새운 시금치나 냉이의 맛과 온실에서 가꾼 맛은 자연의 향기부터 다르다. 사실 제 곳의 제철 음식이 참다운 맛일 것이다.

우리 조상들은 자연의 운행과 합일된 조화로운 생활을 하였다. 제철 먹을거리에 만물을 천신(薦新)[99]할 줄 알고, 자연의 변화와 은혜에 감사하는 마음을 갖고 살았다.

제철의 기다림 속에 수확한 고마움을 느끼면서 살았다.

우리 엄마들은 아이들을 철 이르게 키우기 위해서 안달이다. 철딱서

---

99) 천신(薦新) : 그 해에 새로 난 과일이나 농산물을 신에게 먼저 올리는 일.

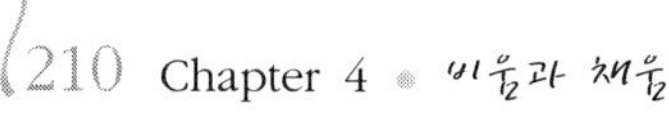

니 없이 키운다. 전천후인으로 키우려고 한다. 거기다 철 지난 어른들은 얼마나 많은가?

인디언의 달력을 보면 2월은 '홀로 걷는 달'이다. 홀로 걷게 하는 자립심이 갈수록 적어진다. 갈수록 부모 주머니에서 어기적거리는 캥거루족이 갈수록 늘어만 간다.

어른들이나 아이들이나 이젠 철이 들었으면 한다. 철이 들면 은행나무도 노랗게 단풍이 들고, 벼는 고개를 숙인다.

우리 모두 철이 들어 보자. 그러나 더 큰 문제는 철 지난 사람들이 너무 많다는 것이다.

뻥튀기

오늘 길모퉁이에서 뻥튀기를 한 봉지 샀다. "뻥이요" 하고 옥수수나 쌀로 만드는 튀밥이 아니라 호떡만한 쇠판에다 쌀을 한 줌 넣고서 누룽지처럼 튀기면 접시만 하게 만들어지는 뻥튀기이다.

길옆을 지나가는데 소형 트럭 뒤에다 뻥튀기 기계를 차려 놓고 한 삼사십쯤 되어 보이는 아낙네가 열심히 눌러 대고 있었다. 아마 짐작컨대 실직 가정이 되어 부인이 직접 거리로 나선 것 같다. IMF 이후 길거리에 부쩍 늘어난 것이 소형 트럭을 이용하여 여러 가지 장사하는 사람이 많아진 것이다. 그래서 중고 소형 트럭의 값도 올라가고 동이 났다고 한다.

누룽지처럼 구수하게 튀겨져 나오는 것을 보니 옛날에 먹던 튀밥이 주마등처럼 지나간다. 중학교 때 자취할 적에는 밥하기는 싫고 해서 쌀로 강냉이 튀밥을 해서 끼니를 해결하려고 했다. 아무리 먹어도 튀밥은 끼니가 안 되었다.

천 원 하는 뻥튀기 한 봉지를 사니, 갓 튀긴 따끈따끈한 뻥튀기 세

장을 덤으로 준다. 그 차 옆구리에는 '완전 무공해 자연 식품'이라고 당당하게 써 붙여 놓았다. 과연 백 번 지당하다는 생각이 들었다.

쌀과 설탕만으로 고객이 보는 앞에서 직접 튀기니 과연 완전한 무공해 자연 식품이라 할 수 있겠다. 요즈음 먹을거리들을 보면 믿을 만한 것이 별로 없다. 농약으로 키운 콩나물, 횟가루를 넣어 굳힌 두부, 닭대가리를 부셔서 만든 소시지, 폐유를 섞은 참기름 등.

한 삼 년 전에 친목회원들과 겨울에 온천을 간 적이 있다. 온천을 끝내고 나오는 길목에 자그만 읍내에 5일장이 서고 있었다. 길거리에는 할머니 한 분이 집에서 손수 심은 우리 콩이라고 하며 흰콩 두어 말을 사라고 하였다. 우리 회원 중에 간이 좋지 않아 매일 콩국물을 해먹는 회원은 믿거니 하고서 그 콩을 샀다. 나중에 들으니 그 콩도 역시 중국산이었다는 것이다.

또 한 번은 어느 산속 절에 갔을 때 일이다. 절에서 내려오는 길목에 아줌마들이 절 근처 산에서 캔 자연산 더덕이라 하여 한 두름 샀다. 내려오다가 보니, 그 근처 공중변소 뒷켠에는 산지가 중국이라고 쓰인 더덕 빈 상자가 그득그득 쌓여 있었다.

그러니 이 뻥튀기만은 내 눈으로 직접 확인한 무공해 자연 식품인 것이다.

아무리 먹어도 배부르지 않고 또 자주 먹고 싶어지는 것이 뻥튀기인 것 같다. 20개가 들어가 있는 뻥튀기 한 봉지를 순식간에 먹어 치웠지만 뻥튀기는 사람의 욕심처럼 먹었다는 실감이 나지 않았다.

우리 생활 주위에는 뻥튀기는 사람들이 많고, 뻥튀긴 것들도 부지기수이다. 내용물은 허술한데 겉포장만 요란하게 과대 포장한 것도 많고, 코딱지만한 봉사를 하고도 대문짝만한 사진을 찍는 사람도 많다. 작은 노력이나 돈을 들여 뻥을 튀겨 일확천금을 얻으려는 사람도 지천이다. 갈수록 도처에서 뻥을 튀기는 사람들이 늘어나고 있다.

한 때 일본에서는 '작은 것이 아름답다'라는 말이 유행한 적이 있다. 축소 지향적인 일본인들의 특이한 기질일지 몰라도 그들은 오밀조밀하게 작은 것들을 만들어 세계적인 경제 대국이 되었다. 우리는 대체적으로 큰 것, 더 많은 것, 더 쉬운 것, 더 빨리 가지려고 안달을 한다. 대형차, 대형 아파트, 세계 제일, 동양 최고 등의 뻥튀기 신화는 날로 번창해 가고 있다.

자동차의 선진국인 일본은 소형차가 많이 팔리고, 우리나라는 중대형차가 많이 팔린다.

사실 모든 것의 시초는 작은 것에서 비롯된다. 진화론자들이 말하는 생물의 기원도 바다의 미생물이고, 눈에 보이지 않는 사람의 난자와 정자가 수정하여 고귀한 한 생명이 출발하게 된다. 작은 꽃가루가 밑씨와 꽃가루받이를 하여 커다란 호박이 된다. 아주 작은 겨자씨가 자라서 큰 나무가 된다. 작은 겨울눈에서 봄이 되면 아름다운 꽃이 피기도 하며, 작은 벽돌 한 장, 한 장 쌓여 큰 건물이 된다. 작은 물방울이 모여 구름이나 비가 되어 큰 강과 바다를 이루듯이 모든 생명은 작은 것에서 시작해서 큰 것이 되는 것이다.

따라서 생명을 사랑하고 소중히 여기는 사람이 작은 것을 소중히 여긴다. 작게 시작해서 크게 되는 것이 생명의 원리이다. 그래서 그런지 우리 옛 할머니들은 아기도 작게 낳아서 크게 키우라고 했나보다. 그러나 우리들은 더 크게, 더 많이, 더 빨리, 더 쉽게, 더 편하지 못해서 안달복달을 한다.

우리 생활에 짙게 배어든 뻥튀기 문화는 우리 사회의 총체적인 병이 되어 가고 있다. 성수대교의 붕괴, 삼풍백화점의 폭삭, 씨랜드의 활활도 다 뻥튀기 문화의 소산이다. 이렇게 뻥을 튀기다 보니 작은 것은 아예 눈에 차지도 않으며, 생명을 우습게 알거나 경시하는 풍조가 생기게 마련이다.

나무도 원래부터 큰 나무가 없다. 작은 나무가 자라서 큰 나무가 되는 것이다. 어느 산속의 아주 작은 들꽃, 이웃이 갖다 주는 찐 고구마 한 접시, 마음을 푸근하게 하는 작은 미소, 밤하늘을 수놓은 작은 별빛, 엽서 한 장에 소식 주는 친구의 배려….

작은 것의 아름다움을 깨닫고 지금 이 순간을 소중히 여기는 사람이 바로 자기 자신의 진정한 삶의 보화를 쌓는 사람이 아닐까 하는 생각이 든다. 그래서 나도 아예 아담하고 작은 사람을 생의 반려자로 선택했는지도 모른다.

나부터라도 뻥튀기지 않고 작은 아름다움을 추구하며, 작은 일에도 항상 감사하고, 작게 사는 방법을 터득하도록 노력하려고 한다.

우리 주위 도처에서 뻥튀기는 소리가 들린다. 부동산 투기, 복권 열풍, 일확천금을 꿈꾸는 정선 카지노의 불야성….

작은 것을 소중히 여기고 생명을 사랑하는 나의 생활이 되었으면 하는 마음을 가다듬어 본다.

그러나 내가 가진 뻥튀기 마음은 쉽사리 사라지지 않는가 보다. 오늘도 일확천금의 미망을 안고 복권을 산다. 그것도 더블 복권을….

남겨두는 마음

우리가 손님으로 가서 무엇을 먹을 때, 특히 별식을 먹을 때 마지막 한두 조각이나 한두 개는 상대방을 위하여 먹고 싶어도 남겨 두었다. 그것이 식생활의 기본 예의였다.

물론 서로 양보하면서 남겨 두었기 때문에 항상 한두 개쯤은 남겨서 상을 물리게 된다. 이것은 맛도 보지 못한 어머니나 목을 길게 빼고 군침을 흘리면서 기다리고 있는 아이들의 몫이 될 수가 있었다.

옛 어른들은 이렇게 좀 남겨진 마음들을 일상생활에서 두루두루 실천하였다. 감나무의 우듬지에 까치나 새들을 위해서 감 몇 개쯤은 따로 남겨 놓는 까치밥이 그렇다.

우리네 어머니들은 자신은 눌은밥을 먹을망정 대처에 나간 자식을 위하여 혹은 별안간에 들이닥칠 다른 손님을 위하여 밥 한 그릇을 남겨서 부뚜막이나 따뜻한 아랫목에다 묻어 두었다. 물론 찬밥이 되는 것은 어머니의 차지였다.

지금도 그렇지만 성묘 때, 북어포의 대가리나 음식의 일부를 주위에다 던져두는 고수레도 다 남겨두고자 하는 마음의 배려였다.

우리 조상들은 씨앗을 심을 때도 한 구덩이에 3개씩 심었다고 한다. 한 개는 하늘을 나는 날짐승을 위하여, 다른 한 개는 땅 짐승을 위하여, 마지막 한 개는 자신의 먹을거리를 위하여 심었다고 한다.

남겨두는 마음은 타인을 위한 배려의 마음이라 할 수 있다. 지금처럼 싹쓸이하는 일은 별로 없었다.

지금은 이문이 남을 것 같으면 대기업이 중소기업의 업종까지 넘겨보기 일쑤이다. 중소기업을 위해 대기업이 남겨두지를 않는다. 백화점이나 대형할인점들이 고객들을 저인망식으로 싹쓸이해가기 때문에 이제는 그들이 운영하는 차들을 금지시키고 있다. 하기야 아흔아홉 석의 부자가 한 석의 가난뱅이 땅을 넘보기도 하지만.

마음의 그릇도 그런 것 같다. 마음의 그릇에 내 생각으로만 꽉 차 있으면 타인의 마음이나 생각이 들어올 여지가 없게 마련이다. 남을 위해 좀 남겨두는 여백의 마음이 아쉽다.

아이들이 급식을 하는 것을 보면 단박에 알 수 있다. 첫 번째 배식이 끝나고 남은 것은 자유로이 더 먹을 수 있게 하였다. 두 번째 더 먹으려고 나온 아이들은 자기가 먹고 싶은 것을 한껏 더 가져가려고 야단이다. 줄줄이 서 있는 뒷사람은 생각하지 않는다.

산에 있는 밤이나 도토리도 산짐승인 다람쥐나 산토끼를 위해서 좀 남겨 두어야 한다. 그러나 대개는 싹 훑어가기가 예사이다. 갈수록 고갈되어 가는 어족자원도 남겨두는 마음의 부족에서 일어난다. 당장의 이익을 위해서 씨를 말리는 저인망식 고기잡이가 점차 어족자원을 고갈시키고 있다.

이번 여름에 몇몇 식구와 가까운 섬으로 피서를 갔다. 새로 생긴 어느 민박집에 묵었다. 방의 수를 많이 만들려고 3면이 모두 막힌 방의 구조였다. 그 불볕더위에 찜질방이 따로 없었다. 앞에만 문이 있으니 바람이 전혀 통하지 않았다. 민박집 주인도 남겨두는 여유 있는 마음이 전혀 없었던 것이다. 목전의 이익 챙기기만 급급하였다. 민박의 푸근함을 도무지 찾아볼 수 없었다.

우리는 다시 오고 싶다는 마음을 거기에다 남겨 두고 올 수가 없었다. 두 번 다시 갈 데가 못 되었으니….

우리는 점차 푸근한 마음, 눌은밥 같은 구수한 마음들이 퇴색하여 가고 있다. 남겨두는 마음은 계산으로 이루어지는 것이 아니다. 주판알을 튕기고 계산기를 눌러대면서 생활하는 마음은 남겨두는 마음의 여백이 별로 없을 것이다.

남겨두는 마음은 함께 하는 여백의 자리를 남겨두는 마음이다. 우리 속담에 "염불보다 잿밥에 더 마음이 있다"라는 말이 된다. 신을 섬기는 사람들도 마찬가지이다. 신을 위해 남겨두는 마음보다 그 자리에 자신만을 위한 기도와 기원이 가득 차 있기 때문이다.

식생활도 포만감 있게 먹는 것보다 더 먹었으면 하는 상태에서 숟가락을 놓는 것이 건강과 장수의 비결이라 한다. 밥통을 꽉 채우는 것보다 2~3할 비워두는 것이 가장 바람직한 식생활 태도라고 한다. 나같이 식탐이 있는 사람이 그렇게 자제하기란 참으로 어려운 일이다. 위(胃)통도 어느 정도 비워두어야 여유가 있어 소화가 잘 된다.

장수의 상징인 천년을 산다는 학의 밥통은 항상 비어있다시피 한다고 한다. 헌혈도 마찬가지이다. 다른 사람을 위해서 창조주가 여유 있게 남겨둔 피이다.

다른 사람을 위해, 다른 생물을 위해 창조주가 여유 있게 남겨둔 것까지 다 차지하여 채우려 하는 것은 일종의 죄악이다. 벼룩의 간을 내먹는 식의 있는 자의 횡포나 저인망식 싹쓸이 행위는 창조성의 배반이다.

사자도 배가 부르면 옆에 약한 짐승이 지나가도 해코지를 하지 않는다.

남겨두는 마음, 좀 비워두는 생활!

전철을 타면 재미있는 현상을 발견한다. 있는 다리 다 벌리고, 있는 신문 다 펼쳐서 전철을 온통 자기가 전세 낸 것처럼 모양새를 잡는 군상들이 우리 주위에는 너무나 많다. 다른 사람을 위해 좀 자리를 남겨두자. 노약자석은 노약자들을 위해 남겨두고, 장애인 주차 자리는 그들을 위해 비워두자.

오늘도 전철에서 쫙 벌린 인간을 목격한다. 거구지만, 있는 다리 없는 다리 다 벌리고 족히 자리 2인분을 차지했다. 그것도 노약자석이다.

비어있는 전철의 노약자석이나 장애용 전용주차 자리를 보면 마음의 그릇이 비어지고 여백이 생기는 것 같다. 그리고 그릇에서 우러나오는 따뜻한 마음 씀씀이의 향기를 맡을 수 있다.

서로서로 조금씩 마음들을 남겨두고 비워두자. 서로 느낄 수 있도록 말이다.

나무도 버릴 때는 버릴 줄 안다

흔히 가을을 조락의 계절이라 한다. 가을엔 나무들도 한 해의 삶을 마무리하며 내년의 그들의 삶을 설계하는 계절이다. 하찮은 잎사귀 한 잎조차 원래의 위치대로 순환한다. 인간이 죽어서 그가 태어난 본향인 대지의 품으로 돌아가듯 나무도 낙엽귀근(落葉歸根)한다. 그들은 보이지 않지만 그들 나름대로 풍마우세 풍찬노숙의 일생을 살아간다.

봄에는 꽃샘잎샘의 추위를 견디며 잎겨드랑이 겨울눈의 겨울잠을 깨워 싹을 틔워 생명력을 움트게 한다. 바람비와 진눈깨비, 칼바람을 이겨낸 싹틈이다.

여름에는 채찍비처럼 내리쏟는 태풍을 견디고, 목이 타는 듯한 가뭄도 이겨내며 쑥쑥 자란다. 마치 아이들이 커가듯 꿈을 꾸며 묵묵히 커간다. 뿌리는 물이 흔할 때는 물을 움켜잡고 있다가 가물 때 내어주는 군자의 가멸진[100] 아량을 베푼다. 뭐든지 움켜쥐면 아등바등 내놓지

100) 가멸다 : 재산이 넉넉하고 많다.

않으려는 인간들과는 사뭇 다르다. 여름나무는 참으로 싱싱하고 싱그러운 세상 너울이 된다.

가을나무는 갈마드는 계절에 갈무리하는 시간들을 갖는다. 나무의 일생 중에 가장 참따랗고 곱다란 계절이 아닌가 한다. 그들은 한해의 끝자락을 치열하게 마무리한다. 다음 대를 이어갈 열매와 겨울눈을 잎겨드랑이에 잉태시킨다. 어찌 보면 가을은 조락의 계절인 동시에 생명잉태의 계절이기도 하다. 또 제자리로 돌아가는 순환의 계절이기도 하다. 열매 하나 잎새 하나 다 낙엽이 되어 자기가 태어난 대지의 어머니 품으로 안긴다. 밀알이 죽어서 싹 틔우듯이 말이다. 이럴 때 나무는 버릴 땐 버려야 새 생명을 남길 수 있다는 자연의 진리에 다소곳이 순응한다.

겨울나무는 모든 것을 자연에게 주어버리고 새 생명을 안으로 갈무리하는 침잠의 겨울잠을 잔다. 이렇듯 나무는 자기 고독의 세계에서 자기 깨달음의 시간을 갖는 지혜를 갖는다.

나무는 모진 추위를 견디며 새 생명이 기지개 펼 시간들을 기다릴 줄 안다. 그들은 속도전에 빠져있는 인간들처럼 결코 서두르지 않는다. 자연의 순리대로 살아가는 고지식함을 보인다.

나무들은 자기 스스로 절제하며 조절할 줄 아는 슬기가 있다. 홍수와 가뭄을 조절하고, 열매가 많이 달리면 다음 해에는 해거리를 해서 평형적인 삶을 영위한다. 때가 되면 모든 것을 벗어버리고 자연으로 환원시키고 버릴 수 있는 것은 다 버리는 지혜를 갖는다. 또한 그들은 떨어져 함께 사는 공생의 혜안을 갖기도 한다. 서로의 그늘 속에서는 자랄 수 없기 때문이다.

나무들은 지고지순의 사랑을 나누기도 한다. 가지가 합친 연리지(連理枝)나 줄기가 합친 연리목(連理木)은 사랑의 극치인 비익조(比翼鳥)나 비목어(比目魚)에 비유되기도 한다.

나무들은 끊임없이 하늘을 향해 두 팔 벌려 기도를 한다. 혹은 두 팔을 들어 벌을 서기도 한다. 어떤 나무는 험난한 땅위를 기어 다니며 고행을 하기도 한다. 그래도 그들은 하늘을 향한 염원을 포기하지 않는다. 로키산맥의 수목한계선(樹木限界線) 위에는 누워서 자라는 나무가 있다고 한다. 그들의 줄기찬 하늘을 향한 고행은 최고로 공명(共鳴)이 잘 되는 바이올린의 재료가 되고 있다.

나무는 자기 품으로 파고드는 온갖 생명을 내치지 않고 모두를 받아들인다. 머리에는 각종 새들이 둥지를 틀고, 줄기와 뿌리에서는 벌레들의 먹이나 집이 되기도 한다. 어찌 보면 살신성인의 지극한 사랑을 말없이 실천한다.

나무는 자기가 가진 모든 것을 아낌없이 내준다. 심지어는 숨쉬며 내뱉는 것조차 자연과 인간에게 필요한 것만 내준다.

또한 나무는 무에서 유를 창조하는 거룩한 생산자이다. 나무는 사람처럼 나이를 먹는다. 갖은 풍우성상 북풍한설을 겪으면서 목리문(木理紋)을 그리며 둥그런 나이를 먹는다. 나이를 먹어도 인간처럼 노회하거나 거짓되거나 배반하지 않고 동심원의 삶을 살아간다.

미국의 시인 조이스 칼버는 나무에 대하여 다음과 같이 읊었다.

대지의 단물 흐르는 젖가슴에 / 굶주린 입을 대고 있는 나무 / 온종일 하늘을 올려다보며 / 잎이 무성한 팔을 들어 / 기도하는 나무."

어떤 나무는 서서, 어떤 나무는 누워서, 어떤 나무는 기어 다니며 하늘과 자연의 위대함을 기도한다. 우거진 잎들이 홍역을 앓고 낙엽이 되어 다 떨어질 때까지 고개 숙이지 않고 무릎도 꿇지 않고 꿋꿋이 서서 푸른 하늘을 향해 기도를 한다. 사나운 설한풍이 몰아치는 숲에서 벌거숭이로 기도를 한다. 하얀 눈을 뒤집어쓰고서, 그래도 기도한다.

그러나 생태학자들은 나무도 밤에는 잠을 자야 한다고 하는데 걱정이다. 이즈음은 크리스마스, 연말연시라 도시의 나무들은 온통 불빛이 휘황찬란하게 번쩍이고 있다. 인간은 즐거울지 모르나 나무들은 괴롭다. 잠을 못 자서….

단풍잎 한 장 속에

계절은 어김없다. 녹음이 물결치고 패기만만(覇氣滿滿)하던 여름도 다 시들방귀[101]가 되어 가을로 갈마든지[102] 오래다. 벌써 늦가을 속으로 세월은 울금빛[103] 낙엽이 지듯 떨어지고 있다. 전국의 이름 깨나 있는 단풍산들이 사람 단풍으로 산의 잇바디[104]가 흔들릴 정도로 몸살을 앓고 있다고 한다.

방송에선 온통 가을소식으로 야단이다. 만자홍엽(萬紫紅葉)의 단풍산이 나무단풍과 물단풍과 사람단풍으로 득시글득시글하다. 계절의 나들목[105] 된 것처럼 다들 세월의 무늬를 보러 큰 길은 만원사례로 손사래치고 있다.

2층 교실에서 내려다보이는 너부죽한[106] 운동장과 작은 공원의 나무들도 가을 옷으로 부지런히 갈아입고 가을소리를 내기 시작한다. 사

101) 시들방귀 : '시들한 사물'을 우습게 여겨 이르는 말.
102) 갈마들다 : 번갈아 들다.
103) 울금빛 : 등색(橙色), 익은 귤 빛깔의 색깔.
104) 잇바디 : 이가 죽 박힌 열의 생김새.
105) 나들목 : 드나들 때 반드시 거쳐야 할 문.
106) 너부죽한 : 조금 너부죽하다, 조금 넓고 평평한 듯하다.

람으로 말하면 첫물[107] 추동복(秋冬服)을 갈아입는 격이다. 나무들은 좋아하는 자기 색깔이 있다. 은행나무는 노랑색을 좋아하고, 단풍나무는 빨강색을 좋아한다. 감나무는 알록달록한 일곱 가지 무지개색을 좋아한다. 사시사철 같은 색깔을 좋아하는 나무들도 많다. 각자가 다 다르게 가을의 시간색으로 갈아입는다. 한마디로 대자연의 합창이고 하모니이며 그들만의 가을잔치이다. 그들은 우리같이 하리망당한[108] 약속은 안했지만 계절의 약속을 또바기[109] 지킨다.

알록달록한 감나무 단풍잎 한 장을 주워본다. 그곳에는 세상의 모습이 그림지도처럼 축소되어 있다. 천지사방(天地四方)으로 산길과 물길이 뻗어있다. 거기에는 산골짜기가 보이고 내가 흐른다. 갖가지 덤부렁듬쑥[110]의 나무들 군락도 보이고 산 속에 숨은 오두막도 보인다. 무지갯빛 오색 꿈도 담겨있다. 알록달록한 숲 속의 이야기가 흘러나오고 있다.

한 장의 단풍잎을 단풍산 만큼이나 큼직하게 확대하여 본다. 얽족얽족[111]하고 울긋불긋한 단풍이 든 산으로 변한다. 마치 비행기에서 찍은 단풍산으로 다가온다. 한 장의 단풍잎은 온 자연의 축도(縮圖)가 된다. 이 단풍잎도 자기가 떨어진 잎겨드랑이에다 새 생명을 잉태하고 떨어졌을 것이다. 가을이면 나무들은 수많은 자신의 분신(分身)을 어김없이 떠나보낸다. 그렇지만 가을은 생명이 조락(凋落)하는 계절인 동시에 새 생명을 잉태하는 계절이기도 하다.

---

107) 첫물 : 옷을 새로 지워 입고 빨 때까지의 동안.
108) 하리망당하다 : 기억이 또렷하지 않다, 흐리멍덩하다.
109) 또바기 : 항상 한결같이, 꼭 그렇게.
110) 덤부렁듬쑥 : 수풀이 우거지고 깊숙한 모양.
111) 얽족얽족 : 잘고 굵은 것이 섞여 얽은 자국이 밴 모양.

모든 나무들은 잎차례(葉序)를 지킨다. 그들은 그들 나름대로의 생명의 순환규칙이 존재한다. 그들은 낙엽이 되어 나무들의 뿌리로 되돌아간다. 어찌 보면 자신이 죽음으로써 새 생명을 키우는 살신성인(殺身成仁)과 같다. 그들의 주검은 동시에 탄생의 밑거름이 된다. 단풍과 낙엽은 자기 근원(根源)인 뿌리로 돌아가기 위한 자연의 순환이다. 인간의 생로병사(生老病死)의 진리와 하나도 다를 게 없다. 자연은 인간에게 생명외경(生命畏敬) 눈부처[112]가 된다.

새 생명은 모진 겨울추위를 이겨내야 한다. 그래야 봄에 이르러 꽃샘잎샘[113]을 다 이겨내고 생명을 싹틔울 수 있는 것이다. 설한풍(雪寒風)의 모진 담금질을 이겨낸 나무의 겨울눈만이 튼실한 싹을 키울 수 있는 자연의 자격이 주어진다.

단풍잎의 뒷면을 본다. 크고 작은 무수한 잎맥들이 알기살기[114] 펼쳐져 있다. 숱한 물과 양분들이 무수히 오르내렸을 것이다. 거기에 골짜기도 있고 냇가도 있다.

조만간 나무들은 자연에게 모든 것을 내주고 침묵으로 자기 모가치[115]를 다할 것이다. 세월은 그렇게 분화(分化)되면서 나이테는 한 켜씩 한 켜씩 목리문(木理紋)으로 세월의 동심원(同心圓)의 물결을 만들어 갈 것이다.

가을바람이 되어 어디로든지 나그네새처럼 떠나보고 싶은 계절이다. 으악새 슬피 우는 곳이나 청설모가 도토리 줍는 곳, 겨울새가 둥지를 트는 곳이면 더욱 좋겠다. 사람단풍으로 찌들고 단풍놀이 인파로 북적

---

112) 눈부처 : 눈동자에 비쳐 나타난 사람의 형상.
113) 꽃샘잎샘 : 새봄에 꽃이 피고 잎이 피기 시작할 때의 추위.
114) 알기살기 : 이리저리 뒤섞여 얽힌 모양.
115) 모가치 : 제 차지로 돌아오는 몫.

북적한 곳은 비켜가고 싶다. 아주 호젓한 곳, 낙조(落照)가 갈매기와 함께 내려앉는 곳, 가을 물소리가 들리는 곳의 가을 나그네가 되고 싶다.

어느 인심 좋은 민박집에 머물면 더할 나위 없겠다. 군불 뜨끈뜨끈하게 지핀 방구들 온돌방, 구수한 솥훑이[116]와 숭늉을 나우[117] 끓여 내주는 그런 정겨운 민박집 말이다. 가을이 지나가는 소리를 고즈넉이 듣고 싶다. 거기다가 가을비 추적추적 내리는 소리를 들으며 갈바람무늬를 느껴보고 싶다. 그런 가을 나그네가 되고 싶다.

세월이 하도 수상해도 단풍은 들고 낙엽은 떨어진다. 단풍산 구경가는 데 아홉 시간, 돌아오는 데 무려 열 시간이나 걸려도 가보고야 마는 단풍에 대한 너나들이[118]는 나와는 거리가 먼가 보다. 그렇다고 에멜무지로[119] 단풍구경을 여차하면 떠나겠다고 앞짧은소리[120]도 하지 못하는 숙맥(菽麥)이다. 그러니 단풍 나들이 제대로 한 번 한갓지게 떠나본 적이 없다.

애오라지[121] 한 장의 단풍잎에서 서너서너[122] 단풍나들이를 해본다.

'일미진중(一微塵中) 함십방(含十方)이라' 하듯, 하찮은 티끌에도 모든 세상이 담겨져 있다고 하지 않던가.

---

116) 솥훑이 : 눌은 밥, 솥티.
117) 나우 : 조금 많은 듯하게.
118) 너나들이 : 너니 나니 하고 부르며 터놓고 지내는 사이.
119) 에멜무지로 : 말이나 짓을 헛일 겸 시험 삼아.
120) 앞짧은소리 : 하지도 못할 일을 하겠다고 미리 하는 말, 장래성이 볼 것 없거나 장래의 불행을 뜻하는 말 한마디.
121) 애오라지 : 마음이 부족하나 겨우, 한갓, 오직.
122) 서너서나 : 조금씩, 천천히 뜻을 가진 순우리말.

외다수(外多數)의 보통 사람들

어떤 대회에 나갔다 왔다. 만나는 사람마다 몇 등, 몇 위, 무슨 상이냐고 묻는다. 등외(等外)에 대해서는 전혀 관심이 없다시피 한다. 또 그들에 대한 따뜻한 배려와 말 한마디에 인색한 편이다.

몇 등이냐고 물으면 나는 으레 4등이라고 대꾸한다. 대개의 사람들은 그 말을 들으면 시큰둥하고 안 된 표정으로 관심 밖으로 돌린다.

등외(等外), 외다수(外多數)들이 설 자리가 없다. 올림픽대회나 세계적인 큰 대회에서 금메달을 따지 못하고 은메달이나 동메달에 머문 우리 선수들이 시상대 위에서 분루(憤淚)를 떨어뜨리는 모습을 종종 본다. 그 옆에 동메달을 딴 외국선수는 좋아서 싱글벙글하는 것과는 사뭇 대조를 이룬다.

이렇게 우리나라 사람은 유달리 '특(特)'을 좋아하나 보다.

음식점에 가도 메뉴가 특(特)과 보통(普通)으로 된 음식들도 많다.

특과 보통이 어떻게 다른지는 모르지만 당연히 값은 차이가 있다. 자동차처럼 말하면 옵션이 추가된 냉면이나 보신탕인가 보다.

이런 사회현상을 반영이나 하듯 법조계에도 보통검사와 특별검사가 있다. 보통검사가 해 놓은 일이 미덥지 않다고 옵션이 붙은 특별검사가 다시 파헤치고 있다. 확실히 특별검사의 역할이 보통검사보다 두드러진다고 한다. 보통검사에게는 보이지 않거나 잡히지 않던 일들이 특별검사에게는 잡히기 때문이다.

또 보통법으로 안 되면 특별법을 만들어 시행하기도 한다. 특별시가 보통시보다 더 웃질임은 틀림없다.

이렇게 '보통'보다는 '특'이 행세깨나 하는 나라가 우리나라이다. 특별한 사람은 가치가 많고 보통사람은 가치가 별로라고 생각하는 것이 우리 현실이다. 신지식인, VIP 등의 '특'이 우후죽순처럼 피어난다. 양주 또한 VIP가 최고이다.

보통사람이라는 캐치프레이즈를 걸고 당선된 전직 대통령이 있었다. 그도 결국 특별한 사람으로 돌아섰다. 그리고 특별한 일을 많이 해서 특별한 곳에 다녀오기도 했다.

사람을 세 가지 단계의 사람으로 구분할 수 있다.

· VIP(Very Importance Person : 매우 중요한 사람)

· IP(Importance Person : 중요한 사람)

· P(Person : 보통 사람)

그래서 사람들은 특이 되고자 발버둥을 친다. 판검사나 의사와 결혼을 하려면 세 가지 이상의 특별한 열쇠를 준비해가야 하고, 또 그쪽에서 원하기도 한다고 한다.

또 특별한 게이트(門)를 드나드는 사람 때문에 나라가 온통 술렁거리고 특별검사가 이리 뛰고 저리 뛴다. 외제 자동차에다 명문 외국대학 졸업, 예비 판검사라는 특별한 옵션을 붙여 행세하면 숱한 사람이 돌개바람 속으로 파묻히기도 한다.

외다수(外多數)의 보통 사람들(Person)은 행세해 볼 건더기가 없을 것이다. 오랜 역사와 전통을 자랑하는 보신탕도 특이 있다. 병원을 가도 특진을 신청해야 대충 보아주지 않는 것이 작금의 우리 일부 현실이다. 죽어서도 특과 보통은 다르다. 영안실도 특실이 있고, 수의(壽衣)도 특과 보통이 있으니 말이다. 그렇다고 죽어서 가는 곳까지 특과 보통으로 나누어 있지는 않을 것이다.

국회의원도 외국에 나가면 특별한 대접을 해달라고 야단이다. 선진국 VIP들은 자기 가방을 자기가 들고 다니는데, 우리나라 VIP들은 대부분 수행원이 정성스레 쫄래쫄래 들고 따라다닌다.

과연 우리나라는 특이 대접받는 나라다. 상품도 '특'자가 붙으면 날개가 돋친 듯이 팔린다. 보통 상품에다 '특'자만 붙이면 너도나도 사가는 풍조가 있다. 더구나 요즈음 청소년층이나 부유층에 외제 명품(名品)에 대한 열풍도 그와 무관하지 않다. 엊그제 방영된 어느 고등학생이 몸에 지닌 명품 값이 수백만 원에 이른다고 하니 '특'의 위력은 대단하다. 아마도 보통 사람들이 대접받고 싶어서 외국으로 이민 가고 싶다고 야단들인가 보다.

문제는 겉과 속이 특이 되는 것은 괜찮겠지만 겉은 특이고 속은 보통인 것이 문제이다. 마치 수박처럼…. 진정한 상류사회로 진입하기 위해서는 정신적인 상류에 기반을 둔 특별 사회의 기반이 있어야 하기 때문이다.

사실은 특을 떠받치고 있는 것이 외다수의 보통 사람들이라는 것을 간과하기 쉽다.

겉과 속이 특별한 사람이 있고, 겉은 특이나 속을 보통인 사람, 겉과 속이 다 보통인 사람이 있다.

그러나 자연은 특과 보통의 구분이 없다. 다 보통인 우리의 것이기 때문이다. 그러나 특별한 사람들은 자연도 특별하게 만들려고 한다.

인간도 자연도 외다수의 보통 사람들이 대접받는 나라가 진정한 민주주의 국가일 것이다. 민주주의의 근본정신인 인간의 존엄성, 자유, 평등이 외다수들에게도 살아 숨쉬는 나라이기 때문에….

그나저나 새 정부에서는 '특'이 더 힘깨나 쓸 모양이다. 공항 귀빈실 이용객을 부쩍 늘리고 있으니 말이다.